中国人のこころ
「ことば」からみる思考と感覚

小野秀樹
Ono Hideki

序章 「ことば」は人を造り、人を現す

筆者の体験した不思議なデキゴト

2009年の夏、中国人の若い友人に誘われ、その人の帰省に付き合って小さな農村を訪れた。さらに彼の同窓生が暮らしている河北省の都市を4つばかり一緒に巡った。

およそ2週間の旅であったが、途中で私はあることに気がついた。その友人の家族や同窓生たちが一緒にいて、全員が中国語で話している状況だと、彼は決して私に"谢谢 xièxie"（ありがとう）と言わないのである。私が彼に何かしらの行為をして、その反応として"谢谢 xièxie"という台詞（せりふ）が出そうな場面があっても、彼は常に「ハイ」という顔をして何も言わずに澄ましている。ちなみに、普段東京で会って、お互いに日本語で話している時、彼はむしろよくお礼を言う人である。それは日本人同士でいるのとまったく変わらず、「先生、ありがとう」「ありがとうございます」という台詞が日々の付き合いの中でしばしば発せられる。彼は明るい性格で、日本語で話す時も能弁であり、非常に愛想の良い青年である。ところが、中国に行った途端に、彼の口からお礼を表すことばがピタッと出なくなったのである。

たぶん、私はその反応に無意識のうちに興味を覚えたのであろう。旅行が始まって何日か経過した時点でそのことに気付いたので、その後もしばらく様子を見ていたが、事実は依然としてそうであった。数日後、私はホテルの部屋で彼にそのことを告げた。もちろん礼を言わないことを批

難する意味では毛頭なく、「(同じ人物なのに)なぜ、そう変わるのだろうか」という興味本位の疑問を当人にぶつけてみたのである。

　彼はしばらく考えたあと、「たしかに先生には"谢谢"って言わないですね」と答え、さらに「中国語で話している時には、先生に"谢谢"とは言いにくいですね」と付け加えた（その理由については第2章で詳しく述べる）。

　また、こんな話もある。仕事柄、私には若い中国人の友人知人が何人かいる。上で述べた河北省出身の友人とは別の友人と、ある日浅草に遊びに行った。浅草に着いて地下鉄の改札を出た途端に、その人の携帯が鳴った。その場で電話に出て話し始めたが、通話が始まってすぐに荒々しい口調になった。幸か不幸か中国の出身地の方言で話しているので、私には話の内容がほとんど分からないのだが、どう聞いても友好的な会話には聞こえない。時々大声で叫び、相手を詰問しているか、あるいは叱責しているかのようである。

　その友人とも普段は日本語で話しているが、平生は非常に控えめな大人しい性格なので、その時の電話の口調が私にとっては非常に衝撃的であった。内容が聞き取れないとはいえ、些か居た堪れないような気持ちになったので、私は少し離れたところで立って待っていた。私のこの感覚が誇張ではない証拠に、通りすがりの何人かの人も、通話をしている友人の側を通り過ぎる際に「一体何事か？」という目で見ていたことを記憶している。

数分して話が終わり、友人は電話を切って私の方に近づいてきた。「何か揉め事なの？」と尋ねると、「いえいえ、大丈夫です」と笑顔で言う。「でも、なんだかすごく怒っていたみたいだけど……」と続けると、意外そうな顔つきで「えっ、全然怒ってないですよ。今の電話、お父さんからですよ。普通の日常会話です」と言った。それを聞いて私は非常に驚いたのと同時に、あれがごく普通の日常会話ならば、この人の故郷の街には遊びに行かない方がいいかな、というようなことをふと思った。

　もうひとつ思い出話を述べる。もう20年近く前のことだが、シンガポールで中国語学の国際学会が開催された。私は恩師に誘われて一緒に参加した。ほかにも日本から数名の研究者が参加していた。その中に日本在住の中国人研究者がいた。その人は私の恩師より少し歳下で、恩師とは長年の付き合いがあり非常に仲が良い。

　学会開催中のある日、恩師とその中国人研究者と私の3人で学会会場の外に昼食を食べに行った。下町の風情を感じる区画を歩いて、一軒の瀟洒な中国料理店に入った。薬膳料理も出すお店であった。2階に案内され、テーブルに着いてメニューを開き、さあ注文しようという時にささやかな異変が起こった。その中国人の先生は、恩師と私の目の前で、前菜から始めていくつかの料理、さらに締めの主食にいたるまで、注文の一切を自分ひとりでエネルギッシュに取り仕切ったのである。

　これには少々注釈が必要である。ひとつは、その中国人

の先生は、普段は長幼の序を非常に重んじる人で、会食の時も常に同席している先輩を立て、むしろ「あなたは本当に中国人ですか？」と思わせるくらい控えめな態度を貫いている人である。そして二つ目として、私の恩師は食事に対して非常にこだわりのある人で、実際に中国や台湾、香港などで料理を注文した際に、現地レストランの従業員から「あなたは注文の仕方が上手い」と褒められたことも何度かあるような人なのである。そして、そのことは恩師と付き合いのある人であればおよそ誰でも知っていることである。

　しかしながら、シンガポールでの昼食の席では、中国人の先生は全てを制御した。注文の途中で、恩師も何品かの料理を提案したが、結果としてそれは却下され、全品中国人の先生が誂えた料理を食べた。もちろんその昼食はとても上手く組み立てられ、非常に美味しいものであったが、恩師と私は、その先生の豹変ぶりに瞠目しながら薬膳料理を堪能したのであった。爾後、恩師も何かの拍子にその日のことを思い出し「あれには驚いたけれど、同時に面白かった」と懐かしそうに振り返っておられたことがある。

豹変するのは言語のモードが変わった時

　以上３つの体験談を述べたが、これらに共通している点は、同一人物が豹変し、人柄まで変わったかのように見えたということである。また、いずれの場合においても、日本語を流暢に話せる中国人が、中国語を話すモードに入

った時に見せた姿である。言い換えれば、普段日本語を話している時には見ることのできない様相が、中国語を話している時のある刹那に突如として表れたということである。日本在住の中国人を友人知人に持つ日本人、あるいは職場などで日頃中国人との付き合いがある日本人は、少なからず上で述べたことと似たような体験をしたことがあるのではないだろうか。また、本書でも追っていくつかの実例を挙げるが、友人知人の中国人が中国語ではなく、日本語で話している時でさえ、同様または類似の奇妙な事態が起こり、それを目の当たりにして戸惑ったり、驚いたり、疑問に思ったりした経験を持っている日本人も多いのではないだろうか。

　筆者は中国語の文法研究と中国語教育を生業(なりわい)にしているので、中国人の友人知人との日々の交際の中で起こる一見不可思議なデキゴトは、たいてい興味深く面白い現象として映る。しかしながら、多くの一般の日本人からすれば、それらは時には面食らうような事態であり、またストレスを感じることさえあるかもしれない。さらにそれが嵩(こう)じてくると、いわゆる異文化摩擦というような事態にも繋(つな)がりかねない。

　ただ重要なことは、そういった事態が起こったとしても、当の中国人にしてみれば、それは無意識かつ自然な言動にすぎないということである。そこには当然のことながら、何ら悪意や作為は無いのである。

「ことば」は「人を造る」

　同一人物であるにもかかわらず、使用する言語が変わると人柄までが変わったように見える現象が起こるということから考えて、言語すなわち「ことば」は「人を造っている」と言えるだろう。中国人が日本語を話している時でさえ、日本人から見て不可解な事態が起こるのは、日本語を話してはいるものの、当人の頭の中では母語である中国語が干渉し、作用しているのである。言い換えれば、中国語の感覚に基づく思考や反応がそのまま日本語になって現れているということである。

　言語学のサピア゠ウォーフの仮説（言語相対性仮説）は、一言で言えば「言語の違いは思考や世界の認識に対して影響を及ぼす」というものであり、それをどこまで普遍的に解釈するかは見解の分かれるところもあるが、個別の言語がそれを母語とする人々の思考ないし認知との間に深い関係を有していることは、紛れもない事実であろう。哲学者の森有正氏は、『経験と思想』（岩波書店、1977年）の中で、「『経験』にしても、『思想』にしても、それらは『言葉』とは離すことの出来ない関係に立っている」と述べ、「我々の場合は、『言葉』は日本語である。我々は日本語において『経験』をもち、『思想』を組織する。それ以外にはどうすることも出来ない」と指摘している（pp.42-43、傍点は原文による）。

　こういった仮説や指摘を参照し、また冒頭で述べた筆者

のいくつかの体験にも鑑みて、「言語」は少なくともある面において「人」を造っている重要な要素のひとつであり、かつ、表面的には語や文のかたちで現れる種々の様相は、それらを生み出す人々の思惟や感覚、延いては思想の反映された所産だと言って良いだろう。つまり、ある言語に見られる種々の現象から、その言語を母語とする人々の「集団」としての普遍的な考えや感覚などを読み解くことが可能であり、さらにそれは、人と人とが接触し、コミュニケーションを取り合う場面に見られる、最も基礎的で定型的な言語活動においても顕著に発現していると考えられるのである。

　そのような考えに基づき、本書は現代中国語でのコミュニケーションにおける日常ありふれた「ことば」（特定の個人が使う特殊なものではなく、母語話者の最大公約数的な用法としての言語表現や言語的振る舞い）を調査し、分析することによって、その特徴を記述し、それによって中国人の思想や認識、思考や感覚などを考察することを目指すものである。本書では、研究者だけが扱うような高度に専門的な領域に属する言語現象や、複雑な文法事項を取り上げるつもりはない。むしろ、普段の生活において、どの国においても誰もが行なうような言語活動に属する事例を取り上げ、それらについてあらためて考えてみたい。

　具体的に言えば、第1章では対話における「あいづち」と「応答表現」を取り上げ、第2章では「挨拶」について考える。第3章では友人知人や周りの人をどう呼ぶかとい

う「呼称」に関する問題から始め、さらに日常よく使う文やフレーズを材に採り、中国語の伝達機能や受信感覚について考える。第4章では、視野を少し広げ、中国人の日常生活によく見られる種々の行動様式から、中国人の価値観や世界認識について、筆者の感じることや思うことを述べる。第5章では、第1章から第4章までの考察から導き出される中国人の思考や感覚が、中国語の文法システムに対しても関与し、影響を及ぼしていると思われる事例を紹介し、言語のメカニズムと思考や感覚が交錯する一面についても考えてみたい。

　それぞれの章において、中国語の特徴を考察する基準として、日本語の実態との比較を行なう。本書の目的は、無論中国語の実態と特徴の一端を詳らかにし、そこから中国人の思考や認識を探究することにあるが、比較対象として日本語の現象を取り上げることで、同時に日本語についてもあれこれ考えることができるように思う。

　本書で述べる中国人の思考や感覚、認識は、第1章から第5章までのさまざまな考察を通して一貫するものであり、逆に言えば、本書はその思考や認識が、中国人の言語活動におけるさまざまな局面で均しく顕在化していることを指摘するものである。取り上げる現象は、いずれも日常ありふれたものばかりなので、中国語に対する予備知識が無くとも本書の内容は理解できると思われるし、また理解に必要かつ十分な説明は添えるつもりである。一方、中国語を学習している人や、日常実際に中国との交流がある人が本

書をお読みになり、中国語という言語や中国人の言動について、もし新たな知見を得たと感じていただける部分があれば筆者として幸甚である。

ミニレクチャー「中国語に関する基礎知識」

　ここで、普段中国語には馴染(なじ)みや接点の無い読者に向けて、基本的な事項の説明をいくつかしておきたい。本書では、原則として初出の単語や文には漢字とともに発音記号を付す。既に序章の中でも出てきているが、"谢谢 xièxie"の"xièxie"がそれに該当する。中国語の発音表記法は、中国と台湾とでは異なるが、本書では中国で用いられている記号を使用する。それは"拼音字母 pīnyīn zìmǔ"と呼ばれるもので、日本語に訳すと「(中国語)表音ローマ字綴(つづ)り」である。日本国内の大学や語学学校など中国語を教える場においては「ピンイン」という通称で呼んでいる。これはアルファベットに中国語の「声調」(音節単位、すなわち漢字一文字ずつの発音に付帯する音の高低変化)を表す符号("ā・á・ǎ・à"の"a"の上に付いている符号)を組み合わせて表記する。ピンインの読み方はやや特殊であり、中国語学習の経験が無ければ全てを正確に発音することは難しいが、本書の内容は中国語の発音を知らなくとも問題無く理解できるものであり、また発音に関して説明の必要があれば、文章によって音についても説明を加える。世に出ているさまざまな中国語関連の書籍の中には、中国語の発音を全てカタカナで表記しているものもある。それはそれで何らかの必要や考えに基づくものだと思われるが、本書ではその方法は採らない。

ついでながら、これは余談であるが、"谢谢 xièxie"の発音をカタカナで「シェイシェイ」と書いている事例が本やインターネットで多く見られる。もしかしたらテレビ番組でもそうやって発音されたことがあるのかもしれず、筆者自身も、ある日、路上で前を歩く女子高校生たちが「中国語でありがとうって、シェイシェイって言うんだよ〜」と話しているのを聞いたことがある。しかも彼女たちはそれを上昇調（「シェイ↗シェイ↗」と下から上に持ち上げる調子）で言っていた。さすがに後ろから「それは全然違います！」とも言えず、ちょっと歯痒い思いをした（だから、以下に説明をする）。

　"xièxie"の"x"は「シ」の子音部分を表すのだが、綴りを見て分かるように、それに続く母音の部分は"ie"である。この場合は"i"と"e"をローマ字読みして良いので、敢えてここだけカタカナで書けば「イエ」である。よって"谢谢"は「シエシエ」となる。さらに一文字目の"谢 xiè"をストンと急降下する下降調（中高年の日本人女性が軽い驚きを表して「まぁ↘！」とか「あら↘！」と言う場合の上から下へ落とす調子）で発音し、二文字目の"谢 xie"は声調符号が付いていないので、軽く添えるように発音する（これを「軽声」と言う）。もし読者諸賢が中国語でお礼を言う機会があれば、参考にしていただきたい。

　中国語には日本語と同様に、各地域の方言が存在する。中国は国土が広く、方言の数も多いので、それぞれの方言間には大きな差があり、甚だしいものは外国語ではないか

と思わせるような違いさえある……という説明が中国語のテキストや参考書でされている。それはまさしく事実であり、たとえば四川省の人と福建省の人が互いに地元の方言で会話をしても、ほとんど分かり合えることはないだろう。ただ、日本でも同様のことはあり得るのであって、筆者は関西の出身であるが、山形県で公衆浴場に行った折、湯船に浸かっている周りの老人の会話が一言も聞き取れなかったことがある。それではコミュニケーションが成立しないので、中国にも日本語と同様に共通語が存在する。それを中国語では"普通话 pǔtōnghuà"と呼んでいる。「普（あまね）く通じることば」という意味である。本書で「中国語」と言う場合、断りが無ければ全てこの"普通话"を指し、時にはこれを「共通語」と呼ぶ。

　また、中国語が漢字を使って表記する言語であることは、誰でもご存知のことだと思うが、中国語圏で使用されている漢字には二つの書体があり、いずれも日本語で使用している漢字と全てが同じわけではない（同じ漢字もある）。本書では原則として中国とシンガポールで正式の書体として用いられている"简体字 jiǎntǐzì"を使用する。これは文字通り簡略化された漢字の字体であり、最も違いのある例を少し挙げると、日本語の「義」は中国では"义"と書き、「塵」は"尘"と書く。文字についても、本文の理解に必要な場合は、その都度個別に説明を加える。

　なお、本書で挙げる中国語の例および例文には日本語訳をつけるが、それは全て筆者の翻訳によるものである。

補注——本書で扱う資料について

　本書を執筆するにあたり、あらためて中国人の会話や対談、言語感覚などについて、さまざまな面から調査を行なった。調査資料としては、主に以下のものが挙げられる：

　①中国のインタビューおよび対談番組
　②中国で過去15年以内に放映されたドラマ
　③中国映画
　④中国語のコーパス資料
　⑤中国で近年発表された小説
　⑥中国人へのアンケートと聞き取り調査

　まず、全体を通して気を配ったことは、調査資料はできるだけ新しいものを選んだということである。筆者は学生時代に恩師から「言語はファッションである。流行り廃りがある」という比喩を聞いた覚えがあるが、最近それを実感することが多い。20年とか30年とかいった時間を隔てると、母語話者の中でも言語に対する感覚が違うのだなと感じる場面にたびたび遭遇する。たとえば現在60歳の中国人と30歳の中国人とでは、ことばの使い方や文の許容度などで判断が分かれるケースが時折出現するのである。中国語に関する解説書や、いわゆる異文化理解について書かれたような書物は、我が国においても今日まで既に厖大な数のものが上梓されているが、それらの中には今から15年以上前に書かれたものも少なくない。そういった書物に書かれている内容には、現在の若い中国人と話している時に些か齟齬を感じるものも含まれている。よって本書では、主として筆者よりも若い人たちの言語感覚を積極的に採り入れて調査することを試みた。つまり、より現

代的で直近の感覚を取り込みたいという意図である。

　以下、調査資料のそれぞれの項目について補足する。

　①のインタビューは、できるだけ対話者が二人きりで自然に話しているものを選び、スタジオで観客のいる番組や、バラエティ番組は避けた。主な番組として、《十三邀》《杨澜访谈录》《鲁豫有约》《锵锵三人行》《可凡倾听》などが挙げられる。これらはいずれも中国のテレビにおける長寿番組で、ホストが毎回異なるゲストと１時間程度対談する形式のものである。

　②は、筆者は普段は一切ドラマを見ないので、最も不得手な分野であるが、中国人留学生に教えを請いつつ、合計十数作のドラマを見た。一部の題名を挙げると《手机》《黑洞》《王海涛今年四十一》《贫民张大民的幸福生活》《小别离》などである。都会や農村を舞台としたもの、家族の話、刑事物など、できるだけジャンルを広げて調査した。

　③の映画は個々の作品名を挙げないが、本書の調査という目的で、ジャンルの異なる作品を計20本ほど見た。なお、①②③の映像系の資料については、筆者の聞き間違いによる誤解を防ぐ意味で、原則として中国語の字幕がついているものを選んだ。

　④のコーパス（corpus）というのは「集成資料」のことだが、具体的に言うと、中国語の実例を小説などの文学作品や新聞記事といった、さまざまな分野の文字資料から集め、データベース化したものである。中国で公開されている代表的なものとしては、以下の二つが挙げられる。

（１）CCL语料库（北京大学中国语言学研究センター）
　　　http://ccl.pku.edu.cn:8080/ccl_corpus/
（２）BCC语料库（北京语言大学大数据与语言教育研究所）
　　　http://bcc.blcu.edu.cn/index.php

（1）には計7億字のデータが収録されている。（2）は新聞記事や文学作品以外にも、個人の"微博 wēibó"（ミニブログ）や科学技術関係の資料など、より幅広いデータ源を有し、総計150億字を収録している。

⑤の小説は、上記④のコーパスにも大量に収められてはいるが、筆者が補助的に個別に作品を調査したものがここに含まれる。できるだけ最近の中国語の実態を反映させたいという目的から、たとえば路内 Lù Nèi（1973年生まれ）や、郭敬明 Guō Jìngmíng（1983年生まれ）など、若い世代に属する作家の作品を数篇選んで参照資料とした。また、現在中国で最も人気のあるＳＦ小説である《三体》（2007年～2010年）なども参照した。それらに加え、中国語と日本語の用例を比較対照するために、日本人作家の小説とその中国語訳版も参照した。

以上の資料のうち、①から③の映像資料ならびに⑤の小説は、言うまでもないことだがいずれも人が創作したものである。①のインタビューは「ぶっつけ本番」であれば自然な対話にかなり近いかもしれないが、カメラが回っているという時点で、日常の友人同士の会話などと同じものではない。ドラマや映画には無論脚本がある。小説の会話も作者が作り出したものである。しかし、本書がこれらの調査資料で調べた事項は、第1章から第3章において取り上げる「あいづち」「応答」「挨拶」「友人知人の呼び方」の4項目に属するものだけである（ただし、用例としては第5章でも資料から採取した例文を一部使っている）。これら4つの事項はある命題を述べたり、現状を詳細に描写したり、人の考えたことや感じたことの内容を表したりするような複雑多様な文ではない。いずれも短く単純で、パターン的なものであり、その中の一部は、半ば反射神経の作用に基づいて発せられ、受け止められ

るレベルの言語活動で用いられるものである。それゆえに、ドラマや映画、小説などにおいても、これら4つの事項はリアルな日常生活における実態から乖離(かいり)した部分が極めて少ないと考えられる。資料に関する細かい注釈は第1章以降の本文でも述べることがあるが、以上の理由により、これらの資料から得られた情報には、十分に依拠する価値があると本書では考える。

　ただ、厖大な資料を調べているうちに、さまざまな疑問点や確認したい事柄が出てくるのも事実である。さらに、調査結果から導き出される実態が、どれくらい一般性や普遍性を備えているのか、あるいは逆にどの程度可変性が認められるのかも重要なポイントになるが、そういった疑問に対して資料自体は何も答えてはくれない。そこで、それらを補う意味もあり、⑥の中国人に対するアンケートと聞き取り調査を実施した。調査に協力していただいたのは、筆者の友人知人や学生の方々である。アンケートは質問事項を書いた調査書を作成し、それに記述してもらう形式で進め、回答を得たあとでさらに疑問点がある場合には、個人または数名に対して追加の質問をし、説明や意見を求めた。中国人は親切なもので、アンケートをさらに自分の友人に回して回答を集めてくれた人もあり、また、自身のブログに質問をアップして回答を募り、ご丁寧に集計までして筆者に報告してくれた人もあった。そういったご厚意にも助けられ、20代から40代の中国人、合計約70名から回答とご教示を得ることができた。アンケートの回答からは、筆者自身がこれまで知らなかった事実や、さまざまな興味深い情報を得ることができた。このことは筆者自身にとっても予想以上の収穫であった。ご協力いただいた皆さんに、厚くお礼を申し上げたい。また、筆者からの質問に毎回丁寧に回答してくださり、時には補足的な資料の提供などもしてくださった方々に、この場を借りて心から感謝の意を表したい。

補注——本書で扱う資料について

目　次

序　章　「ことば」は人を造り、人を現す ——— 3
　　筆者の体験した不思議なデキゴト
　　豹変するのは言語のモードが変わった時
　　「ことば」は「人を造る」
　ミニレクチャー「中国語に関する基礎知識」——— 13
　補注——本書で扱う資料について ——— 16

第1章　対話における反応 ——— 25
　　——聞き手はどう対応しているか？

1．「反応」と「応答」の表現に関する問題
　　日本人店長と中国人アルバイトの会話
　　中国語による干渉
　　意味は同じ、されど違う
　　反応や応答を表す表現には機能的な説明が必要

2．「あいづち」について考える
　　「あいづち」とは何か？
　　「あいづち」と「応答判断語」を区分する
　　「あいづち」の定義
　　日本語の「あいづち」
　　中国語の「あいづち」
　　日本語と中国語の「あいづち」の使用状況
　　「あいづち」の多用を生み出す要因

二人きりで落ち着いて真面目に話す時
　　中国語はシンプルに受け止める

3．「応答判断語」について考える
　　「はい」や"yes"に該当する中国語の語彙
　　"対 duì"と"是 shì"
　　"対""是"と「そうです」の違い
　　"対不対？ duìbuduì?"と"是不是？ shìbushì?"
　　「なるほど」による受け止め
　　中国語における受け止め方
　　"可不是嘛！"について
　　中国語における応答——機能的かつ実義的

第2章　人間関係とコミュニケーション ── 73
　　　　　──「挨拶」について考える

1．「公」の挨拶
　　"你好！"と「こんにちは」
　　「こんにちは」は、いつ誰に使う？

2．人間関係の認識
　　「身内」と「他人」
　　"自己人"に対する意識とその変化

3．「私」の挨拶（1）──相手を呼ぶ
　　相手の名前を呼ぶという挨拶
　　対話中にも相手の名前を何度も呼ぶ中国人
　　名前を呼べば親しみと連帯感が生じる言語
　　相手への呼びかけは発話の予告ではない
　　相手の名を呼びかけることの機能

「ことば」の行き先を明示することの意味

4．「私」の挨拶（2）——行動への言及
「食事は済みましたか？」
日本人も日常よくしていた挨拶
相手や自分の行為について言及する意識の変遷

5．教育によって習得する挨拶語
日本人の挨拶教育
"叫叔叔！"（叔父さんと呼びなさい！）
「オバサン」と呼ばないで！
「お姉ちゃん」と呼ぶな！

6．挨拶語の意味とその起源

第3章　中国語の伝達機能と受信感覚 ―――― 123
　　　——「意味」による呪縛

1．人の呼び方（呼称）について
若い李さんを"小李 Xiǎo-Lǐ"と呼べるか？
壮年の社会人同士はどう呼び合っているか
個性と音のコラボレーション
持ち上げて呼んでおけば無難という思考
社会体制の複雑化と中国語の個別的実義性の葛藤
「李さん」と呼ばないでください

2．「意味（論）」に惹き寄せられる中国人
「お疲れ様でした」と言われて
現実世界のデキゴトに密着した意味解釈
「いつもお世話になっております」

　　　　抽象性と依存性（甘え）には縁遠い中国語
　　　　断ったつもりが大いに励まされ
　　　　注意事項の書き方
　　3．「語用論」の領域に属する意味の食い違い
　　　　寒くないですか？
　　　　日本人の対話の相手は心情的共鳴者
　　　　「ウナギ文」について
　　　　中国語の「ウナギ文」
　　　　中国語は語義に執着する
　　　　「場」を察する日本語、「かたち」を追う中国語

第4章　中国人の価値観 ─────────── 173
　　　　── 現実世界の認識と行動の規範

　　1．中国人の趣味趣向と判断基準
　　　　数字に関する験担ぎ
　　　　台湾における数字の語呂合わせ
　　　　大きいことはいいことだ
　　　　客観的基準となる量化と数値化の重視
　　　　なぜ初対面の相手に給与の額を尋ねるのか？
　　　　重要なのは金額という「数値」
　　　　中国人は中身より「かたち」を重く見る

　　2．中国人に見る「現実主義」
　　　　既定路線よりも臨機応変を優先
　　　　機転を利かせることに公私の区別は無い
　　　　オンライン百科事典における記述内容の差異
　　　　スポーツの実況中継

語学教育の方法における違い
　　　現実主義は儒教から伝承されている思想なのか
　　　儒教に対する現代中国人の意識
　　　中国人の現実主義の礎をなす思考と感覚
　　　言語は変化するが、思想と感性は受け継がれる

第5章　言語システムに侵食する思考と感覚 —— 221
　　　　——法則の背景に存在するもの

1. 「五感で捉える」属性を表すことに偏る文法形式
　　重ね型は話者が知覚した属性を報告する形式
2. 自分の実体験に基づく評価を述べる語彙
3. 会話や段落における「かたち」の影響
4. 存在表現の拡張と評価の関係
　　人は「プラスであること」が常態だと思っている
　　主観的な言語表現に見られる有標性

あとがき ——————————————— 253
　　——「ことば」は「思惟・感覚」を支配する

第1章　対話における反応
——聞き手はどう対応しているか？

1.「反応」と「応答」の表現に関する問題

日本人店長と中国人アルバイトの会話

　独立行政法人日本学生支援機構（JASSO）が2017年12月に公表した調査結果によると、2017年5月1日の時点における我が国の留学生総数は26万7042人であり、うち40.2％に当たる10万7260人が中国からの留学生である。これに台湾からの留学生8947人を加えると11万6207人となり、計43.5％を占めることになる。全留学生の半数近くが中国語を母語とする学生なのである（https://www.jasso.go.jp/about/statistics/intl_student_e/2017/index.html）。

　日本の多くの都市では、これら中国語を母語とする留学生たちが暮らしており、そのうちの大部分は生活や学費のためにアルバイトをしていることだろう。そして、各地のお店では、たとえば以下のような会話が交わされているかもしれない。以下に挙げるのは、コンビニエンスストア店長の尾野さん（53歳、仮名）と、中国人で新人アルバイトの王利鴻 Wáng Lìhóng さん（21歳、仮名）とのやり取りである。この店に中国人がアルバイトに来たのは初めてであり、尾野さんにとっても中国人とコミュニケーションを取るのはこれが最初の経験である。ちなみに、尾野さんは少々内気な性格である。

尾野：「あ、王くん、王くんは今週の金曜日もシフトに入っているよね？」
王利鴻：「（ボソッと）うん」
尾野：「……。え～と、（少し小声の早口で）その日はね、特発のお彼岸のおはぎが入って来るんだけど」
王利鴻：「ア～↗?!」
尾野：「え、いや、あの、おはぎ……ま、いいよそれは」

　この会話は筆者が実例をアレンジして作ったものであり、文字で書いてどれくらい雰囲気が伝わるか自信が無いが、ポイントは王利鴻さんの受け答えにある。
　王さんの最初の台詞は店長からのシフト確認に答えたものである。日本人なら誰でも了解していると思うが、二人の年齢差と立場を考えれば、ここは「はい」または「ええ」と返事すべきところである。肯定や応諾を表す「うん」は、目上の他人には使えないからである（使うと無礼になる）。直後の尾野さんの台詞の冒頭にある「……」は、「うん」と返事されたことへの一瞬の戸惑いを表している。店長は気を取り直して品物の入荷に関する話をするが、王さんにとっては「特発（＝特別発注：季節限定の品物を仕入れすること）」というコンビニ用語や、「お彼岸」「おはぎ」の意味（の全てか一部）が分からず、しかも小声で早口だったので、要は店長の言ったことがちゃんと聞き取れなかったのである。
　そこで発せられたのが「ア～↗?!」である。これは文字

では非常に書き表しにくいのだが、「あー」を上昇調でやや強めに発音する。日本人も口喧嘩(くちげんか)で興奮している時などには「おい！お前それって、どういう意味だよ、あ〜↗?!もう一遍言ってみろ！」のように言うこともあるが、その「あ〜↗?!」と同じ発音である。日本語でこれを使うのは、恫喝(どうかつ)している場合か、よほど理不尽なことを言われた時の反応に限られるだろう。それが興奮しているわけでも揉(も)めているわけでもない普通の会話の途中で突然に出てきたので、気弱な尾野さんは少し怯(ひる)んでしまい、彼岸用のおはぎの件を頼むのを諦めたのである。無論、ここで王さんが取るべき自然な応対は、日本語の世界においては「えぇ？」「えっ？」であり、もしくは「はぁ？」「はっ？」「はい？」などであろう。

中国語による干渉

では、王利鴻さんは無礼な人物なのかというと、上の会話における応対だけからそう判断するのは早計である。なぜなら、王さんの二つの応答と反応は、中国語の世界ではいずれもまったく自然なものだからである。

まずひとつ目の応答について説明すると、中国語には"嗯ng"という語があり、発音は少し鼻に抜ける感じで「ん」と言う（念のために言うと「ンダ」ではない）。これを下降調「ん↘」で発音すると肯定や応諾を表すが、中国語の場合、目上の相手に使っても何ら問題が無い。

上の会話で王さんが「うん」と返事をしたのは、まさに

"嗯 ng"と「うん」は同じだという認識による。もう少し厳密に言うと、無意識にそう判断しているのである。現に、筆者が現在指導している中国人留学生（大学院生）も、非常に礼儀正しく日本語も上手いが、筆者と日本語で会話をしている時に「うん」と返事することが少なくない。"嗯ng"は中国人の反射神経に根強く植え付けられているのであろう。この"嗯 ng"については本章第２節においてさらに詳しく考察するが、中国人の日常会話で非常に高い頻度で用いられる語である。

次に「ア〜↗?!」について説明すると、これも中国語では、聞き返す時に"啊á?"という語がしばしば用いられる。これは"a"［ア］をやや長めに上昇調で発するわけだが、その発声には強弱の幅はある。ただ、仮に軽く"啊á?"と言われても、やはり日本人は多少の違和感を覚えるだろう。日本語で「あ↗?」という聞き返し方は、決して友好的な雰囲気を醸し出さない。それがさらに強烈な勢いを持って発せられると、言われた側は恐怖心や敵愾心さえ覚えることになりかねない。

序章の体験談で友人の浅草での電話の話を紹介したが、その時の通話中に友人が何度か発していた"啊á?"は、音量勢いともに強烈なもので、イメージを説明するなら、母音の「ア」に濁点を打って、地上から２階にいる人に聞き返しているかのような声量であった。それが父と息子の日常会話で発せられたものだというのは、説明を聞いて一応理解はしたものの、やはり感覚的にはなかなか合点がい

かない面がある。個人によって程度の差はあるだろうが、聞き返しの意味で用いる中国語の"啊á?"は、日本人の感覚において、単なる聞き返しとして受け入れることが些か困難であるように思われる。

意味は同じ、されど違う
　上で挙げたコンビニでの会話と、それに関する説明は、相手の発話を受けて、半ば反射神経の作用によって発せられる反応を表す語の使用について述べたものである。反応を示す非常に単純な語においても、日本語と中国語の間に違いのあることを確認した。ただし、その違いは語そのものの有する意味が異なるということではない。むしろ意味は同じである。

　上で説明したように、「うん」と"嗯ng"には、どちらも「肯定・応諾」を表す意味があるが、それを使うべき相手の年齢や立場が違う。つまり、使用することが可能な対象が日本語と中国語とで異なるのである。「あ〜↗?!」と"啊á?"は、いずれも（広義の）聞き返し、あるいは相手に発話の再現を促すという意味を備え持ってはいるが、日本語では大なり小なり攻撃的な色彩を帯びるのに対して、中国語ではごく通常の聞き返しとして用いることができる。つまり、相手に与える感情面での作用の差異が存在する。これらの相違点は外国語の学習やその運用において、非常に重要なポイントではないだろうか。

　当然のことではあるが、外国語を学習する時、我々は単

語を憶える。その際に、それぞれの単語の意味を母語に訳して記憶する。ここまでは必須の作業であるが、上の事例で見たように、ことコミュニケーション専門に用いられるような語彙は、その意味を自分の母語との1対1の対応関係で憶えるだけでは、実際使用する時に何らかの問題を生じる可能性を孕んでいるのである。

　日本語の「うん」の場合、その意味と用法を教授する際に、少なくとも中国人の学習者に対しては「目上の人には使えません」という使用制限を同時に教えるべきである。逆に日本人の中国語学習者には"嗯 ng"は目上の相手に使っても差し支えないという情報を与えておいた方が良い。また、聞き返しに用いる（母音の）表現と、その発声の違いについても、日中双方の語学教育の場で触れておくべきだろう。つまり、上のコンビニでの会話に見られるような問題は、双方向の語学教育によってカバーできるはずのものであるが、現状は必ずしも十全に対応できているわけではないのである。

反応や応答を表す表現には機能的な説明が必要

　現在、日本国内でどれくらいの種類の中国語テキストや参考書が出版されているのか想像もつかないが、筆者自身の知る限りにおいて、中国語の基本的な応答表現の類は、練習用の会話文には出てくるものの、それを構成するひとつひとつの語やフレーズについて詳細に説明をしているものはあまり無いように思われる。ほとんどの場合、単語や

フレーズに対する辞書的な（逐語的な）訳語が与えられているだけである。やや丁寧な説明がある場合でも、日本語訳に加えて、その意味の補足的な説明が付されているだけのものが多い（たとえば"嗯 ng"であれば、訳語「うん、ええ、はい」、補足説明［肯定・応諾などを表す］）。要するに「意味」の領域だけで処理されていると言える。また、そういったコミュニケーション専用の語彙については、会話を活発かつ円滑に進める表現手段として「丸ごと暗記して、どんどん使いましょう！」と積極的に奨励しているテキストやウェブサイトも少なくない。

　外国語を教授する場合、その時間とエネルギーの一部はその言語の「解説」に充てられるが、そこで説明されることは、発音の分野を除けば概ね文法に関わることである。基本語順をはじめ、たとえば受身文や使役文の作り方、修飾語の位置や構成法、疑問文の作り方、程度の表し方、動作の進行や完了の言い方、可能表現や推量表現など、初級中国語で言えば、細かく分ければ100項目くらいの文法事項を挙げることも可能であり、教室ではそういった事項の解説に多くの時間が割かれている（はずである）。一方、相手の発話に反応を示す表現や、基本的な応答表現については、上で述べたように会話文などで実例を示し、意味を対応させて説明を済ませている場合がほとんどである。またそうした処理に学習者もあまり深い疑問や不満を抱かない。意味を知った時点でそれなりに理解することができるからである。

しかし、本当にそれで十分なのであろうか。十分であるならば、上のコンビニでの会話のような気まずい事例は起こらないはずである。この事例は、中国人が日本語を話す際に起こったことだが、我々日本人が中国語（延いては外国語）を話す際に、同様の事態を（無意識のうちに）引き起こしていることは無いという保証はあるのだろうか。相手の発話に即座に反応したり応答したりすることは、どんな人との間で交わされる如何（いか）なる会話であっても、ほぼ必ず要求される言語的行為である。しかもそれを行なう頻度も非常に高い。

　極端に言えば、今日は一日友達とずっと話していたけれど1回も「受身文」を言わなかった、ということはあり得るかもしれないが、今日は一日ずっと友達といたが1回も反応も応答もしなかった、という事態は到底考えられず、またどの言語にも反応や応答を表す表現は存在する。しかも、二つの異なる言語の間に一見意味的に相当する語やフレーズがあったとしても、その用法やニュアンスなどが両言語で完全に一致しているわけではないことは、上のコンビニの会話ひとつを見ても明らかである。

　こういった問題意識は、筆者が本書を書いてみようと思った動機のひとつでもある。ゆえに本書では、「反応や応答」「挨拶」「呼称（呼びかけ）」といった、どの国の人でも必ず行なう極めて日常的な言語活動に関連する事項を取り上げ、それらについて考察を行なうことにした。これらは総じて、テキストや参考書では「意味」の記述だけで済

まされていることが多いものの、いざ実際にその言語で話そうとした瞬間に、細々とした疑問が出てくる事項である。

　本書では、そういった疑問点についてじっくり考え、単に意味だけの記述にとどまらず、より多くの情報やルールなどを収集して整理し、分析と解釈を加えることを試みたい。それによって中国語という言語の特色のみならず、中国人の思考や認識、また中国人の社会やコミュニティにおける交際の実態など、さまざまな方面の理解に貢献できるだろう。一言で言えば、意味の面だけで説明が済まされてきたこれらの事項に対して、実態に基づいた機能的、実践的な分析を加えたいということである。

2．「あいづち」について考える

「あいづち」とは何か？

　以下、日本語と比較しながら、まず中国語の「あいづち」について考えてみる。考察に先立ち、「あいづち」に関する本書独自の見解を提示しておきたい。

　何を「あいづち」と認定するかは人によってさまざまである。本書の執筆にあたり、語学参考書などの記載事項やインターネットの記事、語学レッスンに関わるウェブサイトなど、一連の情報を見て気付いたことは、「あいづち」として認定されている語やフレーズが、予想以上に多種多様だということであった。具体例を挙げると、たとえば中

国語に関しては、以下のフレーズを「あいづち」として紹介している場合が少なくない。

真的？	Zhēn de?	本当？
太好了！	Tài hǎo le!	たいへん素晴らしい！
为什么？	Wèi shénme?	なぜ？
然后呢？	Ránhòu ne?	それから？／それで？

これらのフレーズは初級のテキストでもよく使われるものであり、相手の発話を受けて即座に返す表現として会話文に出てくることが多いので、「あいづち」として認定されているのだと思われる。しかしながら、これらのフレーズの選択使用は、全て話者の裁量に委ねられているものである。たとえば、相手がこういうことを言った場合には誰でも必然的に"真的？"と返さなければならない、あるいは原則として"真的？"と返すものだというような規則やパターンは存在しない。ひとつの同じ発話内容、たとえば「私、来月アメリカに引っ越しするんです」に対して、対話の相手であるAさんは"真的？"と返し、Bさんは"太好了！"と言い、Cさんは"为什么？"と尋ねることもあり得るのである。

本書では、このように個人の感覚や裁量によって使用が自由であり、かつ、相手の発話を受けて、聞き手側が自身の評価や疑問などの種々の新たな情報を上乗せしたり、さらに相手の次の発話を引き出したりするような意味を含む

フレーズを「あいづち」とは見なさない。これらを「あいづち」に組み入れるとしたら、極端に言えば、相手の発話を受けて即座に発せられる文やフレーズは、何でもかんでも全て「あいづち」と言わなければならなくなる可能性を孕んでいるからである。

「あいづち」と「応答判断語」を区分する

以下の語やフレーズは、「あいづち」として認定されている度合いが、さらに高いものだと思われる。

対。Duì. ／是。Shì.	そうです。
没错儿！Méicuòr!	間違いない！
可不是嘛！Kěbushìma!	そうですとも！
倒也是。Dào yě shì.	それもそうだ。

このグループは、全て相手の発話内容に対して、真偽や妥当性に対する聞き手の主観的判断を表すものである。先のグループとは違い、ある程度は意味や使用される状況も固定的ではある。しかし、本書はこれらも「あいづち」とは認定しない立場をとる。

その理由はいくつかあるが、まず、このグループに属する語やフレーズは、全て諾否疑問文（いわゆる Yes-No Question）に対する回答として用いることができる点が挙げられる。疑問文に対する回答は、相手から求められたものであり、その要求に応えて発せられる返答は、話者自身

が相手の発話に反応して自主的に発する「あいづち」とは性質を異にするものである。もちろん、これらの語やフレーズは諾否疑問に対する回答以外にも、相手の意見や認識などを聞いて、それを肯定したり、同意したりする意味で用いることも可能である。ただ、その場合も相手の発話内容に対する聞き手側の「正しい・妥当だ」という評価が含まれる点において、最初のグループの"太好了！"（たいへん素晴らしい！）などと類似の意味機能を持つと言え、やはり「あいづち」には属さない。

理由の二つ目として、"对／没错儿"は形容詞であり、単独で用いる以外に、たとえば"你说的话没错儿 Nǐ shuō de huà méicuòr"（あなたの言ったことは間違いない）のように文の述語としても使われる。よって、これらが単独で発話された場合であっても、文の主語（主題）が省略されたものだと分析することが可能である。つまり、これらは純粋に単独で「あいづち」として存在している語とは見なせない一面を持つことが挙げられる。

"可不是嘛！"は"可不！""可不是！"というバリエーションがあるが、いずれも強い語調による同意を表し、"倒也是"は相手の考えや意見を聞いたあとで、自説とは異なるがそちらも認めるという意味を表す。いずれにせよ、これらのフレーズは、真偽や妥当性に対する主観的判断に加え、"对／是／没错儿"よりも遥かに濃厚に話者自身の態度や感情などを含んでいる。言い換えれば、聞き手側の情報を多分に盛り込んでいるものである。ゆえに「あいづ

ち」には属さない。

　さらにここで指摘しておきたいことは、"可不是嘛！"や"倒也是"は、これらと並んでテキストなどでもよく紹介される"就是 Jiùshì"（その通りである）や"那倒是 Nà dào shì"（それはそうだ）などとともに、本書の資料に基づく調査において、対話に出現する頻度がかなり低い（か、ほぼゼロ）という結果が得られたのである。このことは一考の価値があると思われるが、その詳細については、本章の結びの部分で述べることにする。

　本書ではこのグループに属する一連の語とフレーズを「応答判断語」と名付け、「あいづち」とは区別する。なお「応答判断語」に関しては、以下の「あいづち」の考察のあと、本章第3節で追って詳しく考察する。

　「あいづち」の定義
　以上の考えに基づき、本書は、「あいづち」を意味機能面と運用面の二つの面から定義し、規定する。意味機能の面においては次のように定義する。

　「あいづち」は、相手の発話を受け止めた（受け止めている）ことを示す、ことばのサイン（sign）である。

　これについてもう少し補足するなら、相手の発話が自分に確と伝達され、かつ、その内容を理解した（理解している）と反応することを専一的な機能とするものだけを、

「あいづち」と認定するということである。

これに加えて、運用面からは、以下のように規定する。

「あいづち」は、相手の発話が「文」として未完のタイミングでも挿入して発することが可能である。

日本語と中国語でそれぞれ実例を示すと、以下のようになる。文中の「∨」の箇所に上向きの矢印（↑）で挿入されているのが、対話の相手の「あいづち」である（↘は下降調で発音されることを表す）。

［日本語］
昨日ねぇ ∨ 銀座で ∨ 山下洋輔を見かけたよ。
　　　　↑はい↘　　↑えぇ↘

［中国語］
我自己晓得 ∨ 自己也蛮难搞的, ∨ 不是那么简单
　　　　　↑嗯↘　　　　　　　　↑嗯↘
∨ 就能懂的。
↑嗯↘
私自身もとても扱いにくくて、それほど簡単にすぐ理解できるものではないことを自分で分かっている。

（《十三邀》第13期：许知远对话白先勇）

日本語と中国語では、「あいづち」が挿入される言語単位のサイズ（区切り）は異なるものの、両言語ともに、相

手の発話が「文」として完結していない段階で「あいづち」を打つことが可能である。なお、「未完のタイミングでも挿入可能」としたのは、相手の発話が「文」として終止した段階においても、「あいづち」を打つことは可能だからである。

　以上の定義に基づき、本書で取り扱う日中両言語の「あいづち」は、自立的な内容を含む情報を有さず、専ら相手の発話を受け止めて理解したことを示すためだけの機能を持つものに限定し、その範囲内において両言語の比較対照を行なうこととする。

日本語の「あいづち」
　まず、日本語の「あいづち」について見ていこう。なお、日本語に関する記述を行なうに当たり、中国語の調査と同様に、日本人同士のインタビュー番組、および友人知人との会話や周囲の人の会話の内容などを適宜参照した。また、分析においては、必要に応じて何人かの日本語母語話者にも確認した。つまり、本書の日本語に関する記述は筆者個人の内省だけに基づいて書かれたものではないことをあらかじめお断りしておく。

　本書の定義と規定に従えば、日本語の「あいづち」に属するものは、概ね以下のものが挙げられる。

「はい」「はぁ」「ほぉ」「ふん」「あぁ」「えぇ」「おぉ」「ん」「ん〜」

「あいづち」として用いる場合、これらは原則的に全てやや下降調で軽めに発音される（「ん〜」だけは例外的にやや力を込めて発せられる）。なお、「はい」「あぁ」「えぇ」「おぉ」「ん」は、疑問文や依頼文に対する返答として「肯定・応諾」を表す用法もあるが、これは本書の定める「応答判断語」に該当するものとして、「あいづち」とは区別する。また、これらの「あいづち」は、「ふんふん」「はぁはぁ」「えぇえぇ」などのように２回連続して言うことも可能であるが、本書は単独の使用に限って考察することにする（１回と２回では異なる点も多いため）。

　上で挙げた日本語の「あいづち」を、さらに３つの項目別に分析し、整理してみたい。すなわち「音系」「使用する相手との上下関係」「感情・感覚の付加」という項目である。結果を次頁の〈表１〉で示す。

〈表１〉から分かるように、日本語の「あいづち」は発音としては３つの系統からなり、相手との上下関係を基準にすると、使用に制限のあるものが半数以上ある。また「あいづち」に話者の感情や感覚が付加されるものも、やはり半数近く存在する。このことから、日本語の「あいづち」は、一定以上のバリエーションを有しているということが言えるだろう。日本人は、対話の相手との関係を常に意識しながら、時には発話を受け止めた瞬間の、自分の種々の感情や感覚を盛り込みつつ、「あいづち」を打っているのである。

〈表1〉日本語の「あいづち」の音系・使用条件・感情付加

	音系	上下関係	感情・感覚の付加
はい	h系	無制限	特になし
はぁ	h系	無制限	特になし
ほぉ	h系	△下→上	軽い驚き・意外感
ふん	h＋鼻音系	×下→上	特になし
あぁ	母音系	×下→上	軽い気付き・納得
えぇ	母音系	無制限	特になし
おぉ	母音系	×下→上	軽い驚き
ん	鼻音系	無制限	特になし
ん〜	鼻音系	△下→上	合点・興味の深さ

注）△下→上：目下から目上には（親しくなければ）使いにくい。
　　×下→上：通常、目下から目上には使えない。

中国語の「あいづち」

では、中国語はどうであろうか。調査の結果、本書の定義と規定を満たす中国語の「あいづち」は、以下のものが該当すると言える。

"嗯 ng""啊 ā/à""哦 ō/ò""欸 ē/è"

　これらの「あいづち」は、全て原則として高めで真っ直ぐの調子（第1声：以下、高平調とも表記）か下降調（第4声）で発音される。"啊""哦""欸"は発音記号が母音なので、高平調と下降調を表す符号をそれぞれ付した。"嗯 ng"の発音記号には母音が無いので、声調の符号がつけられないが、これも実際にはやはり高平調と下降調の二つの声調をともなって発せられる（辞書では"ng"に声調符号をつけている場合もある）。

　なお、「あいづち」として用いられる場合の"欸"の発音は"ê"である。これはフランス語の"café"（コーヒー）の"fé"の母音の発音と同じであるが、言葉で簡単に説明すると「イ」に近い「エ」である。この母音と発音記号は中国語のテキストでも省略されることが多いので、特に記して説明しておく。

　漢字表記について言うと、"哦"は"噢"または"喔"と書かれることもある。同様に、"欸"は"诶"または"哎""唉"と表記されることもある。厳密にはそれぞれ意味や発音が異なる文字だが、敢えて区別せずに混同して用いられることがある。

　なお、これらの「あいづち」の語は、特に下降調で発せられる場合、日本語の「あいづち」の一部と同じく、疑問文や依頼文に対する返答として「肯定・応諾」を表す用法がある。これは本書でいう「応答判断語」に該当するもの

として、やはり「あいづち」とは区別する。

中国語の「あいづち」を、日本語の場合と同様に3つの項目に従って整理すると、次の〈表2〉のようにまとめることができる（判定は、資料からの判断と中国語母語話者の意見に基づくものである）。

〈表2〉中国語の「あいづち」の音系・使用条件・感情付加

	音系	上下関係	感情・感覚の付加
嗯	鼻音系	無制限	特になし
啊	母音系	△下→上	特になし
哦／噢	母音系	無制限	特になし
欸／诶	母音系	無制限	特になし

注）△下→上：目下から目上への使用は避ける傾向がある。

一見して分かるように、発音面では"嗯"以外は全て母音系で、二つの系統しか無い。日本語よりも音の種別が少ない。対話者同士の上下関係による制限や感情・感覚の付加についても、ほとんど該当するものが無い。中国語の「あいづち」は、日本語に比べて単純で、無機質なものであると言える。

日本語と中国語の「あいづち」の使用状況

では、実際の対談に基づく調査から、日本語と中国語における「あいづち」の使用実態の一端を見てみよう。調査を行なった数々の対談の中から、サンプルとしてそれぞれの言語で二つずつ実例を取り上げ、そこにおける「あいづち」の使用回数を種別に計測し、その結果の一覧を次頁より〈表3〉および〈表4〉に示す。4つの対談は全てテレビ番組で公開されたものである。

4つの対談をサンプルとして挙げたが、ほかの種々の対談においても、「あいづち」の使用実態（種別の分布率）はそれほど大きく変わらない。

日本語では「はい」「ん」「えぇ」の3つがよく使われるが、調査を進めるうち、以下の傾向があることが判明した。先の〈表1〉で、「ん」は上下関係に関してその使用は無制限であると記したが（実際に、目下の方が使うこともあるので）、対談者の間に年齢の開きがある場合は、年長者の方が「ん」を用いることが圧倒的に多い。これは、応答判断語の「ん（うん）」が目上には使えないことと関連があると思われる。

「はい」と「えぇ」について言うと、〈表3〉の対談Aで「はい」を使用しているのは、ほとんど羽生善治氏の方である。それに対して8歳年長の山中伸弥氏は、ほぼ「ん」を用いている。ただ、別の対談で羽生氏はスポーツジャーナリストの二宮清純氏（羽生氏より10歳年長）に対しては、

〈表3〉日本語の対談における「あいづち」の使用状況の例

	はい	ん	あぁ	えぇ	はぁ	ほぉ	おぉ
A	378	96	35	9	6	4	5
B	113	131	42	141	14	2	3

数字は使用回数。A：羽生善治氏と山中伸弥氏の対談（35分）。B：松井秀喜氏と草野仁氏の対談（約70分）。

ほぼ全て「えぇ」を使用している。同じ個人が、対話の相手や話の内容に応じて、時に異なる「あいづち」を使用しているという事実は非常に興味深い。

中国語では、〈表4〉の数値からも明らかなように、「あいづち」は"嗯"の独擅場と言って良い。対話者の年齢差や性別、話題など、如何なる条件が変わっても同じような結果が得られる。その偏り方は、筆者の予想を遥かに上回るものであった。そもそも中国語の「あいづち」は日本語に比べて半数ほどしか語彙の種類が無いわけだが、その中でも、実際の使用が"嗯"に一極集中していることは、今回筆者が行なった対談に関する調査において、極めて顕著に見られる特徴であった。

「あいづち」の多用を生み出す要因

日本語においても、中国語においても、対話中に最も多く観察される「反応」は、「うなずき」という行為である。

〈表4〉中国語の対談における「あいづち」の使用状況の例

	嗯	啊	哦／噢	欸／诶
C	236	2	3	1
D	163	8	1	1

数字は使用回数。C：白先勇氏と許知遠氏（ともに作家）の対談（56分）。D：陈凯歌氏（映画監督）と杨澜氏（ジャーナリスト）の対談（60分）。

〈表1〉と〈表2〉で挙げた「あいづち」の大部分は、この「うなずき」と同時に発せられていると言って良い。対話中に「うなずく」ことは、多くの言語の話者において観察される現象だと思われるが、そこに「あいづち」の発声を加えるかどうかは必ずしも一様ではなく、言語によってさまざまである。

ちなみに、英語のインタビューでは、音声で「あいづち」を打つ頻度は非常に低い。アメリカとイギリスのインタビューや対談を数十本見てみたが、聞き手は相手の話を聞いている時は、無言でうなずいていることが多い。〈表4〉の対話Dで挙げたジャーナリストの杨澜 Yáng Lán 氏は英語も堪能であるが、元サッカー選手のデビッド・ベッカム氏との約30分の対談では、"嗯 ng" という「あいづち」を31回しか発していない。これは中国人相手の対談に比べて格段に少ない回数である。ただ、上で述べたように英語母語話者同士のインタビューでは「あいづち」がほと

んど出現しないことを考え合わせると、この31回というのは、英語での対談としてはむしろ多いとも考えられ、その意味では中国語母語話者の感覚による影響（干渉）の結果と言えるかもしれない。

日本人が非常に頻繁に「あいづち」を打つことは、既にいろんな研究や記事で指摘されていることだが、今回、独自に中国語の調査を行なった結果、中国人の「あいづち」の頻度も決して少なくないということを確認することができた。日本人も中国人も、対話している相手が話している最中に、無言のリアクション（表情の変化やうなずき）だけで延々と見守ることはせず、必ず音声的な反応を小まめに返しているのである。

その要因は言語別に異なるものもあると思われるが、日中両言語に共通している要素をひとつ指摘するとすれば、それは「合いの手」の存在ではないだろうか。「合いの手」とは本来、邦楽で唄と唄との間に三味線などの楽器だけで演奏される部分や、歌や踊りの調子に合わせて挿入する掛け声や手拍子などを指すが、これは我が国においては、各地の民謡や現代の歌謡曲にまで広く引き継がれている現象である。そしてこれと類似した現象は中国にも存在する。

たとえば、目下売り出し中の中国の漫才師、岳云鹏 Yuè Yúnpéng は歌もたいへん上手く、民歌《送情郎》は彼の十八番のひとつである。これを舞台で歌うと、サビの"小妹妹送我的郎啊 Xiǎomèimei sòng wǒ de láng a"の直後で観客は必ず一斉に"哟，哟 yō, yō"という「合いの

手」を入れる。それ以外にも節の合間に観客や漫才の相方が種々の「合いの手」を入れるものがある。このように、古くからの演芸や出し物において存在する慣習や方式が、ひとつの文化的背景となり、日常の言語の使用に影響を及ぼしているとも考えられるのである。

〈表3〉の対談A（羽生・山中対談）における羽生氏の「あいづち」は、時として非常に細やかに挿入されるが、これなどはやはり「合いの手」の様相を呈しているとも言える。その一部を抜粋してみよう。発言者が山中氏で、カッコ内が羽生氏の「あいづち」である。

> 今、世界でですね（はい）、あのぉ、先日もアメリカで（はい）、この分野の研究者が集まって（はい）、ルールを決めようと（はい）、という動きがあります（はい）。［中略］ただ実際それで（はい）、その受精卵から新しい生命（はい）を、赤ちゃんを実際作ると（はい）、ということは（はい）、あ〜当面はやめようと（なるほど）。

「あいづち」は漢字で書けば「相槌」または「合槌」であり、その語源は刀鍛冶の刀匠と、それを補助する向こう鎚との共同作業に求められるが、上の対話におけるリズムは、まさにそれを彷彿とさせるものである。

以上述べたように、「あいづち」が対話を盛り上げ、相手とのやり取りを弾ませるというふうに感じるのは、日本や中国の楽曲などに「合いの手」という手法が古くから存

在していることとも大きく関係しているように思われる。ただ、それは決して全世界に共通することではないということも、併せて自覚しておくべきであろう。つまり、対話をスムーズに気持ち良く運びたいという要求自体は、どの言語の話者にもあるだろうが、だからと言って、全ての言語で等しく同じように「あいづち」が用いられているわけではないということである。極端に言えば、発話の途中で「あいづち」を挿入されると、それを自分の発話を阻害するものとして不快に感じる言語（の母語話者）も存在するのである。

二人きりで落ち着いて真面目に話す時

　上で、英語の対談では「あいづち」はほとんど観察されないと述べたが、英語にも、たとえば"ah, eh, er, hmm, oh"など数々の間投詞（感嘆詞ともいう）が存在する。そして英会話上達法などを伝授するウェブサイトなどでも、「会話の中で間投詞を積極的に使いましょう！」と奨励しているものが少なくない。外国語での会話を訓練し、その能力を高めようとする場においては、さまざまな表現や言い回しを多く紹介し、学習者にそれを記憶させ使わせることが必須の教授内容とも言える。しかし、それがどんな場合でも唯一の正解なのかどうか、個人的には些か疑問を感じる。もしかしたら、日本における語学教育で「あいづち」や応答表現の使用を非常に積極的に奨励していることは、日本語の感覚がそのまま流用されていることの現れかもしれな

い。また、日本人が日本語で対話をしている時の、静寂に対する一種の恐怖心が作用しているのではないかと思うことさえある。

今回、筆者が調査した対談資料は、二人の人間がある程度の時間をかけて、いろいろな話をするものである。もちろん、番組であるからプライベートな場ではなく、視聴者の目を意識し、公的な場における態度を保持し、言葉遣いなどにもある程度は気を配っている対話である。一言で言えば、公的（public）な余所行きの会話と言えるかもしれない。そう考えれば、人々が日常生活で家族や友人と交わしている対話や、くだけた調子のチャットなどとは大きく異なる面もあるだろう。

ただ、我々が外国語を学んで、実際にそれを使う機会を得たとして、多くの場合はある程度公的な、もしくは適度な礼儀をともなうべき場面から対話が始まるのではないだろうか。長年外国に住み、そこで自分の日常生活を送っている人は別として、仕事や観光で外国を訪れる場合、あるいは日本国内においてビジネスや会合などで外国人とコミュニケーションを取る場合、ほとんどの人は初対面の相手と対話をすることの方が多いだろう。そうであるならば、公的な対話の進め方を身につけておいて、損をすることは無いはずである。むしろ、何でもかんでも意識的に沢山盛り込んで、常に彩り豊かにざっくばらんに話そうとする態度であれば、母語話者にとって、時には奇異に映るかもしれないし、極端な場合は、それによって逆に円滑なコミュ

ニケーションが阻害される可能性もある。

　人はおよそ誰でも、外国人の言葉の誤りには寛容なものであるが、それが人間関係にまったく影響を及ぼさないとまでは言い切れない。本書の序章で述べたように、「ことば」は「人を造る」という一面を有しているのであるから、安易で不適切な言動が、自分自身の思わぬキャラクターを造ってしまう可能性も排除できないだろう。

　間投詞や基本的な応答表現は、短く簡単なので、初心者にも取り付きやすく、また人によってはそういう語やフレーズを多用することで、一瞬自分がその言語を流暢に話しているかのように感じる（錯覚する）こともあるかもしれないが、結局重要なのは、そのあとで何を言うかである。相手の話を正しく聞き取り、自分の考えをできるだけ正確に伝えることができてこそ、適切なコミュニケーションが成立し、また長い付き合いにおいては、外国人とも互いに理解を深め合うことができ、良好な関係が築けるのである。外国語の運用に関しては、パフォーマンスや雰囲気だけでなく、それぞれの言語における、場面や状況に即した正しい応対や適切な振る舞いも重要な要素のはずである。

　本書の調査からも分かるように、日本語と中国語では、二人きりの対話においては、ともに言語として発する「あいづち」が小まめに打たれる。ただ、その使用の具体的な状況について言えば、両言語の実態はまったく同じというわけではない。そこには、日本語と中国語の反応の仕方の違い、延いては両言語の母語話者における対人関係の認識

の違いが見て取れるのである。

中国語はシンプルに受け止める

調査結果から、中国語の「あいづち」の使用実態は、日本語に比べて極めて単純な様相を呈していることが判明した。日本語は、「あいづち」という言語活動においても、常に相手との関係を考慮し、必要に応じて使い分けを行なうのと同時に、自分自身のその時々の感情や感覚を上乗せして提示することもある。つまり、日本語においては、相手の発話内容を理解したと提示するだけの表現においても、対人関係に根ざした適切な種々の反応を示し、さらに対話が無味乾燥なものにならないように意識しつつ返すことが常態となっている。そのことは、「あいづち」の種類の多さにも現れていると言えるだろう。

一方、中国語では、ごく一部の事例では相手との関係で使用が憚（はばか）られるものもあるようだが、基本的には概ね選択と使用に関して無制限であり、実際の状況は、極端に言えば、"嗯" を機械的に使用しているとさえ言える。また"啊 ā/à""哦 ō/ò""欸 ē/è" の母音系の「あいづち」においても感情・感覚が上乗せされることは無い。中国語で意外感や疑念などの感情を表す場合は、いずれの語においても上昇調で発音されるが、これは相手の発話を「理解した」ことを示すものではなく、一種の疑問表現であり、その意味において「あいづち」の範疇（はんちゅう）には入らない。日本語では、均しく軽い下降調で発せられる「あいづち」その

ものにおいて意外感などの感情をともなわせることが可能であり、そこが両言語の相違点である。

　要するに、中国語の「あいづち」は、相手の発話を受け止めて理解したということを示す「記号」に徹していると言うことができる。「あいづち」を構成する語は、日本語も中国語もともに間投詞（感嘆詞）であるが、この品詞に属する語は、そもそも感情や感覚と密接な関係を持つものである。日本語では「あいづち」で使用される場合にも、その特質をある程度保持しているが、中国語の方は、より機能的な用法（すなわち、相手の発話を理解したというサイン）に特化していると見ることが可能である。中国語の「あいづち」には、対人関係が入り込む余地はほとんど無い。感情や感覚が盛り込まれず、記号化しているがゆえに、上下関係などの条件にも制約を受けないのであろう。中国語においては、自分が相手の言うことを受け止めて理解した、という情報（意味）さえ伝えられれば、「あいづち」の使命は達せられるのである。

　インタビューや対談の番組では、出演者がプライベートでも親しい人同士だというケースもあり得るが、多くの場合、ホストとゲストは仕事として対話をしているのであり、初対面という場合も少なくはない。関係の親疎で言えば「疎」の場合が多い。そういった状況下においても日本人は種々の使い分けをしながら「あいづち」を打ち、逆に中国人は、専ら機能的に反応しているということである。その対応の仕方は対照的であるとも言えるだろう。さらに、

その対人関係の意識は、「応答判断語」の使用実態においても同様に観察されるものである。

3．「応答判断語」について考える

「はい」や"yes"に該当する中国語の語彙

　初級中国語の授業をしていると、たまに、「中国語で"yes"はどう言うのですか？」と質問されることがある。質問者は、日本語の「はい」や英語の"yes"に相当する語を知りたいのである。

　この質問に一言で答えるのは難しい。中国語には、これひとつで全ての状況に対応できます！というような万能な一語が無いからである。一般に動詞や形容詞を用いた諾否疑問文には、たとえば"你喜欢猫吗？Nǐ xǐhuan māo ma?"（猫が好きですか？）に対して"喜欢 Xǐhuan"（好きです）と答え、"你冷吗？Nǐ lěng ma?"（寒いですか？）に対して"我不冷 Wǒ bù lěng"（私は寒くない）と答えるように、通常は質問の文と同じ動詞や形容詞を用いて回答することが多い（"no"の場合は否定形で答える）。

　授業などで出欠を確認したり点呼を取ったりする場合、名前を呼ばれた人は"到！Dào!"（到着している→はい）と返事をする。家族や友人に名前を呼ばれた時には"唉（哎／欸）Āi/Ēi"（ええ／ああ／おう→はい）と返事をする。このように、中国語では個々のケースに対して実際の意味や

状況に即した語をいくつも使い分けている。言い換えれば、肯定や応答する表現を抽象化あるいは記号化せず、個別的に具体的な実義レベルで止めて使用しているのである。そういった中で、敢えて最も"yes"に近い語を挙げるとすれば、"对 duì"と"是 shì"、それに「あいづち」の考察で挙げた"嗯 ng"が挙げられる。以下、「応答判断語」の"对"と"是"について見ていこう。

"对 duì"と"是 shì"

万能ではないが、たとえば"你是日本人吗？Nǐ shì Rìběnrén ma?"（あなたは日本人ですか？）という質問に対しては、"对。／是。"（そうです）と答えることが可能であり、"对"と"是"はいずれも（一部の）諾否疑問文の回答として用いることができる。"对"は相手の想定、推量、判断、意見などが「正しい・妥当である」という判定や評価を表す。対談を聞いていると、質問に対する返答ではなく、相手の陳述や説明に対して、聞き手が自主的に"对"と反応する場合は、客観的事実の指摘や、根拠のあること、原則的もしくは道義的発言に対して発せられる事例が多い。

一方、応答語としての"是"は、従来の研究では「承認」を表すと分析するものや、「同調」を表すと分析するものもあるが、本書では「同意」を表すと考える。厳密に言えば「相手の思惑や感覚、事情などが自分のものと一致していること」を表す。軍隊や警察など、上下関係の規律が厳しい世界で上位者から命令された場合、部下は"是"

と返事をするが、これも命令や指示を受けた部下が、自分の意向や考えが上司と「一致」していることを表す表現によって応答することにより、服従の意味が付帯するのだと考えられる。"是"には「阿(おもね)る」意味は無い（ゆえに「同調」ではない）。

　以上のような意味を表すことから、"対"と"是"は相補的な分布（お互いに使用される環境が異なり、重複して出現することが無い関係）を呈するものではない。両者の意味は同時に成立することも可能であり、それゆえ互換できる場合も多く存在する。相手の言った内容が正しく、また自分自身でもそう考えていたのであれば、いずれを用いても良いわけである。現に、対談を聞いていると、1回の応答で"対，是。"と同時に両方を用いている場合さえある。

　"対"と"是"は、日本語で「その通りです」「そうです」などと訳されることが多い。そのこと自体には間違いはないが、中国語と日本語の事情をそれぞれ観察すると、両者の実際の使用状況にはいくつかの違いがある。

"対""是"と「そうです」の違い

　日本語の「そうです」という表現は、実際は使える場面がかなり限定されている。これを問題なく言える状況は、自分自身に関することを相手から確認された場合である。宅配便が届いて、ドアを開け、配達員が「小野さんのお宅でしょうか？」と尋ねた時に、「そうです」と答えるよう

な場合である。あるいは、刑事が尋問している場面が想起される。「あなたは昨夜8時には上司と新宿で飲んでいたんですね？」「そうです」というやり取りなどである。つまり、回答する側が100％自分だけで判断できる情報を相手から確認された場合には、「そうです」を用いるのが相応(ふさわ)しい。

　それ以外の場面では、概ね「そうですね」が用いられる。一般に、相手に同意や肯定を表明するには「ね」の付加が肝要である。その背景として、ひとつには、日本人の社会では目下の者が目上の相手を前にして、評価したり断言的に判定を下したりすることが憚られるという感覚が関与している。2010年の春に、筆者の恩師の恩師が東京で講演をされた。会場は大勢の聴講者で埋まっていたが、最後の質疑応答で、若い中国人留学生が質問に立ち、開口一番「今日の先生の講演はとても良かったです」と言ったので、会場は妙な空気になった。中国では、言い方にもよるが、目下が年長者に対して自分の評価を表明しても問題無いのである。

　さらに重要かつ根本的な背景として、そもそも目上目下の区別に限らず、日本人は対話において自分が一方的に断言してしまうことを回避する傾向がある。文末語末の「ね」の使用は日本人の思想と深い関連がある。序章でも引用した森有正『経験と思想』は、日本人の対人関係において、「汝(なんじ)」に対立するのは「我」ではなく、「汝の汝」であると指摘し、その関係を「二項関係」と名付けた。「汝

の汝」というのは「相手から見た『あなた』」という意味である。つまり日本語（日本人社会）では、一人称が真に一人称として独立して発言することが極度に困難であり、自分（私）は常に眼前の相手から見た二人称としてしか存在し得ないということである。言い換えれば、日本人は、目の前の相手との対人関係から独立して自己を立てることができず、常に相手との関係に依存して発話をしていると言える。それは、日本語の一人称代名詞（私、僕、俺、自分）や二人称代名詞（あなた、君、おまえ）の種類の多さとその使い分けにも現れており、また、幼い男の子に「ボク、いくつ？」と言ったり、（口喧嘩などで）「てめえ（手前）は黙ってろ！」などと言ったりするように、相手（二人称）への呼びかけに一人称代名詞を用いるといった用法を生み出す原因にもなっている。

　ちなみに、この「二項関係」という概念を引用しながら、伊丹十三氏は精神分析学者の佐々木孝次氏との対談で、日本語の会話における文末の「ネ／ナノネ」と「ワケ／ワケヨ」の頻用について詳しく言及している（『自分たちよ！』文春文庫、1988年）。対談では、「ネ」も「ワケヨ」も自分の判断や考えを相手に押し付けることを回避し、相手とのスムーズな関係を優先させようとする心理から付加されるものであると分析されている（この日本人の「二項関係」という対人関係は、前節で考察した「あいづち」の多用と豊富さにも大きく関与しているとも思われる）。

　話を戻すと、「そうです」は傲慢であり、また自分だけ

で判断の責任を負うことの表明でもある。それを緩和し、相手との共存関係を構築しようとする意識が口語表現においては「ね」の付加を生み出すのである。日本語は「そうですね」のかたちで、初めて目上を含む相手に対して同意や肯定を表明することができる。

　一方、中国語は"対""是"の使用に基本的には制限が無い。目上目下の使用制限も無く、どちらが用いても問題は無い。またこれらを使用することで上から見下したような態度が付帯することも無い。"対""是"は「肯定」「同意」の意を相手に伝えるという機能に専念しているのであり、対人関係に囚(とら)われず肯定したり同意したりする機能だけに専念している。この点については、「あいづち」の"嗯"の使用実態と同じである。

　"対不対？ duìbudui?"と"是不是？ shìbushì?"
　中国人は自分の意見を述べたり説明したりする時に、よく文末に"対不対？ duìbudui?"や"是不是？ shìbushì?"、あるいは"対吧？ duì ba?"や"是吧？ shì ba?"といったフレーズをつける。「そうじゃないですか？」「そうでしょ？」という意味だが、"対不対？"や"是不是？"は肯定形と否定形とを並べているかたちで、正反疑問または反復疑問と呼ばれる疑問形式である。これを文末に付加した場合は、命題の真偽を問うのではなく、命題が真であるという話し手の判断そのものが妥当であるかどうかの確認を表す(注)。ひとつ例を挙げよう。

你想找人陪你吃饭，是不是？
Nǐ xiǎng zhǎo rén péi nǐ chīfàn, shìbushì?
君は誰かに食事に付き合って欲しい、そうでしょ？

　この文では「君は誰かに食事に付き合って欲しいのですか？」と命題の真偽を確かめているのではない。命題そのものは話者の考えでは「真」であり、その判断が妥当であることを確認しているのである。この場合、文末で"是不是？"と確認することは、断言を避けて婉曲な言い回しをしているのではない。日本語では自分の意見や提案を述べる時に、「僕は～だと思うんだけど」や「～じゃないかな」などのように断言を避ける表現を用いることがよく見られるが、中国語の文末の"是不是？"の意味機能はそうではなく、むしろ確認することによって相手の同意を求めているのである。それは、"是不是？"の直前に相手への呼びかけや、"你看 nǐ kàn"（あなたの見解によると）のように相手の意見を求める表現が共起することからも裏付けられる。

这里有毛病，一定有毛病！二叔，你看是不是？
Zhèli yǒu máobing, yídìng yǒu máobing! Èrshū, nǐ kàn shìbushì?
ここに誤りがある、きっと誤りがある！叔父さん、あなたはそう思うでしょ？
　　　　　　　　　　　　　　　　　　（老舎《残雾》）

このように、自分の判断や認識が正しいことを相手に確認する"是不是？"や"対不対？"が対話の中で頻用され、また確認されていなくても、聞き手側も自発的に"対"や"是"という反応を頻繁に返すことから考えて、中国人は対話中に、互いの意見や認識の真偽や妥当性を頻繁に確認しながら話を進めることが常態であることが見て取れる。もし日本語の対話で「そうですよね？」「そうでしょ？」を乱発すれば、押し付けがましいと感じるか、説教されているような気分になるかもしれないが、中国語ではそのようなことはない。中国語では、相手との合意や意見の相違を、小まめにかたちの上で確認しながら対話を進めることが通常の姿であると言えるだろう。中国人の一人称は、日本人と異なり真に一人称として立っており、"是不是？"や"対不対？"の使用は対話の相手に依存している表現ではなく、純粋な確認である。中国語においては、このように言語として表明し、「かたち」の上で確認するということがむしろ大事なのである。

「なるほど」による受け止め
　ビジネスマン向けの情報やノウハウを記載したウェブサイトなどを見ていると、「なるほど」という表現は評価を下した上で同意することを表すので、上司や目上の人には使用を控えた方が良いという説明を目にすることがある。これは先に述べたように、日本人社会で目下の者が目上に

対する評価を下すことへの禁忌に基づく考えだが、実際には、「なるほど」は相手の話を聞いて納得したという意味（だけ）を表す表現だと認識し、目上の人との対話でも使用している人が少なくないだろう。

さらに、「なるほど」にはもう少し別の使い方もある。本当に納得や得心したことを表すのではなく、とりあえず相手の発話内容を受け止めるという用法である。

「捜査を攪乱させるためだとは考えられませんか。そうすれば殺された藤井一恵は社長秘書でもあったわけですから、犯人の狙いは会社にあると俺たち警察の者は思う。犯人はそこまで考えていたのかもしれません」
「なるほど、しかし柏木、俺はもうひとつ別な見方をしているんだ……」

（龍一京『捜査一課・瓜生田洋1　殺める』）

このような「なるほど」の用法は「たしかに」とも似ており、相手の意見の妥当性も認めるかたちをとりつつ、直後に自分の考えが異なることを述べる場合などに使用される。この用法には、いきなり反論すると相手との対話に亀裂が生じるので、それを回避するために相手の顔も立てておこうという話者の配慮が働いており、言語学で用いる"politeness"（ポライトネス）という理論に属する事例である。この理論は、会話の参与者が互いの体面を棄損しないために講じる種々の言語的配慮について考える上で基本と

なる概念である（参考：P. Brown & S.C. Levinson, *Politeness: Some Universals in Language Usage*, Cambridge University Press, 1987）。

さらに、直後にことさら自説や反論を述べるわけではないが、決して本心から納得しているのではなく、むしろ何を言っているのか理解できない場合や、反対意見を持っている時も含め、とりあえず相手の発話を受け止めておくというだけの意図で、ただ「なるほど」とだけ発言する場合もある。これは「そうですね」「そうですか（下降調）」にも見られ、同じく納得や理解を示す「ははぁ」「ふむふむ（ふんふん）」にも見られる用法である。この用法は、積極的に反論する必要を感じない場合や、即座に是非の判断がつかない時などに適用されるが、極端な場合はまともに相手をしたくないという状況でも使用されることがある（それゆえ連発すると必ず相手に悪い印象を与えることになる）。語の意味としては、いずれも納得や理解を示すものであるので、日本語を解する外国人であっても、理解することが難しい用法だろう。

中国語における受け止め方

中国語では、「なるほど」のように、語義としては同意や納得を表すものが、とりあえず「受け止め」だけに用いられるという表現は見当たらない。類似したものはあるが、厳密には日本語と異なる。"原来如此 yuánlái rúcǐ" は辞書やウェブサイトなどで「なるほど」と訳されている場合

もあるが、このフレーズは、語義としては、ある事情や相手の考えなどを理解するのに（ようやく）至ったことを表すものであり、「（あぁ）そうだったのか」という意味である。同意や納得を感じる場面で用いることはあるが、言葉の意味そのものに同意や納得が含まれているのではない。つまり「（ようやく）受け止めて理解した」ことを表すだけであり、それに対する自身の判断や評価には踏み込んでいないのである。これと同様の表現として"原来是这样 Yuánlái shì zhèyàng"（［元々］そうだったんだ）や"这样啊 Zhèyàng a"（そうなのか／［あぁ］そうなんだ）などが挙げられる。

"那也是 Nà yě shì"（それもそうだ）や"那倒是 Nà dào shì"（それはそうだ）は納得や同意を含意する。しかし、"也"は「〜も」という並立や累加を表すので、相手の考えは「正解のうちのひとつ」という判断が含まれ、また"倒"は「予想に反する」ことを表す。よって、これらは場合によっては「渋々同意する」という意味も表出する。いずれにせよ、相手の考えや意見をストレートに受け止め、純粋に同意や納得を表す表現ではない。

本心から納得した場合、中国語では"说得对 Shuōde duì"（仰る通り）や"有道理 Yǒu dàoli"（道理がある＝ごもっとも）といった表現などが使われる。"这么讲还真是 Zhème jiǎng hái zhēn shì"（そう言われればたしかにそうだ）という表現もあるが、ここでの"还"は「意外性」を表し、自分では思いもつかなかった考えであるが、それに対して

第1章　対話における反応　65

納得した意味を表す。結局は"対"と"是"が意味の中核をなすものが多い。これらの表現には日本語の「なるほど」のような「受け止めるだけ」の用法は無く、文字通り同意や納得していることを表す。

"可不是嘛！"について
　上で"那也是"（それもそうだ）や"那倒是"（それはそうだ）について述べたが、今回調査を行なった対談などにおいて、これらのフレーズはほとんど現れなかった。前節でも述べたが、"可不是嘛！Kěbushìma!"（そうですとも！）や"倒也是 Dào yě shì"（それもそうだ）といったフレーズも同様に、本書の調査においては実例がほぼ発見されなかった。
　"那也是"や"那倒是"、"倒也是"は、自説とは異なる、あるいは自分では思いつかなかった意見や考えに対して判断を下すものであるから、これらはいずれも相手と議論している、もしくは対等に意見交換をしている場合に出やすいフレーズであろう。筆者の調査した対談は、インタビューが多くを占めるので、対等な議論というよりは、聞き手がゲストに質問する形式をとるものが多い。そのような環境であるがゆえに、こういったフレーズが滅多に出ないのだとも考えられる。
　ところで、"可不是嘛！"については調べているうちに興味深い情報を得た。そもそもこの表現は、中国でも北方の人が使うものである。筆者の聞き取り調査においても、

南方の人は、自分では使わないと回答した。ちなみに、中国の北方南方の区分は、秦嶺山脈と淮河を結ぶラインよりも北側を北方とし、長江より南側を南方としている。湖北省、安徽省、江蘇省の北側は二つのラインの中間に位置するが、食文化や風習などの面から南方として認識される場合が多いようである。

　この地域的な使用の差以外にも、"可不是嘛！"の用法についていくつかの情報を得た。まず「専ら親しい人同士のくだけた会話で用いる」ということであり、次に「目上の人には使えない」ということであった。これらの情報は、アンケートに回答した90％近い人の感覚である。さらにこの表現にともなうイメージとして「高圧的」「見下した感じ」という回答も少なくなかった。一番面白かったのは「おばちゃんがよく使う」という回答であった（特に"可不"）。これも少数意見ではない。コーパスで調べてみると、"可不是嘛！"は男性も使ってはいるのだが、北京など北方出身の数名にさらに確認してみると、「男性も使うと思うが、おばちゃんのイメージと言われると分かる気もする」という回答を得た。

　中国語のテキストやそれに準ずるウェブサイトには、"可不是嘛！"＝「もちろんです！／その通りです！」と記載し、これをほかのフレーズと並べて「どんどん使いましょう」と奨励しているものもある。それを見て学んだ日本人の男子大学生が、中国に行って、初対面で目上の中国人と真面目な内容の話をしている状況で、相手の意見に強

く同意して"可不是嘛！"と言った時の場面を想像すると、ちょっと空恐ろしい気さえする。この一例に限らず、現在の中国語教育（もしくは研究）において最も不十分なのは、言葉の使用のTPOやそれを実際に使っている人がどういう人であるのかという観点であろう。単純な意味だけの対応による教授法や学習には、こういった問題（落とし穴）が潜んでいるのである。

中国語における応答——機能的かつ実義的

相手の意見や認識に対して真偽や妥当性を判断して示す場合、中国語の"对"と"是"は対話者同士の年齢差などの上下関係にかかわらず用いられ、かつ、それは文字通りの意味として機能する。日本語のように形式的には同意や納得を示しつつ、実際は態度を保留したり、心の中では反対しているという用法は無い。対談の調査に基づけば、自身の判断抜きで、ただ相手の話を受け止めただけという反応を示す場合、最もよく見られる反応は"嗯""啊"といった「あいづち」に属する語であった。

ちなみに、2016年末にプロデビューして以来、華々しい戦績を収めている将棋棋士の藤井聡太氏は、記者から質問されると、まず、「そうですね……」と答える口癖がある。これは記者の質問内容を肯定したり、それに同意したりする意味ではなく、質問に対する回答を頭の中で探したり考えたりしている状態を言語化したもので、パソコンのマウスカーソルが砂時計になったりグルグル回転している状態

（作業待機中の状態）と似ている。こういった場合、中国語ならば"対"や"是"を用いることはできず、やはり"嗯"や"啊"が発せられるだろう。

すなわち、中国語では、態度保留や待機状態の応答は「応答判断語」で埋めることができず、応答判断語による反応は、いずれのかたちにせよ真偽や妥当性の判定をともなうことになる。また、「あいづち」の使用に関しては、中国語は上で見たように相手の発話を受け止めて理解したという記号に徹して発せられる。

日本語の「あいづち」や「応答判断語」の使用は、本来の意味に加え、対人関係における使用制限や、感情および感覚の付加、さらに本来の語義とは異なる反応や態度の表出にも用いられるなど、用途と使用に種々の応用的な側面が存在する。その意味において、中国語は、特に単純な語の使用においては、日本語よりも機能的に、かつ実義通りに反応（あいづち）や応答（応答判断語）を行なっていると言える。

"是"を中核として、それに指示詞や副詞を付加したかたちの応答判断語（たとえば"那也是""那倒是""倒也是"）には、同意や納得という判断以外に、文脈や状況により、話者自身のさまざまな感情や感覚が含まれる。その点では日本語の「それもそうだ」「そりゃそうだ」などと一見同じように見える。しかし、中国語が実義的であるという性格に起因して、いくつかの語が組み合わされて構成されるこうしたフレーズにおいては（中国語では原則として漢字

一文字一文字が全て「語」である)、個々の要素が複合されていく結果、ひとつひとつの語の意味が加えられ、それが全体の意味に実質的に反映されるため、それぞれのフレーズが固有の意味機能を獲得することに繋がる。たとえば、"倒也是"の"倒"は「予想外の」あるいは「その場の状況や文脈の流れから予想される結論とは異なる」という意味を表すが、これは話者の認識や判断の背景として存在する要素である。中国語では、その部分までも言語化して表明するが、日本語の「それもそうだ」には必ずしもそういった意味は含まれない。中国語では、いろいろな要素が複合されていくにつれ、記号的な存在から、独自の個性と内容を持った個別の言語表現へと変貌するのである。

　その最たるものが"可不是嘛！"であり、このフレーズは用いる地域、用いる相手、用いる会話の内容や、場合によっては使用者の性別に至るまでさまざまな条件がその使用に関与する。いくつかの語の合成による拡張されたフレーズの応答判断語は、実際の使用に関して"対"や"是"などの単純な応答判断語との間に運用面での相違が見られる。その違いは、日本語の訳語との単純な対応だけでは理解できないものも多分に存在するのである。種々の応答表現を実際に使用する際には、単なる（訳語としての）語義以外にも、それぞれのフレーズの運用面における特徴を知っておくことが重要である。また同時に、今後、そういった実際の運用面における詳細な分析と記述が中国語教育の場においても求められるだろう。

注:"是不是"の用法に関する記述は、宇都健夫「"是不是"を用いた『確認性疑問形式』」(『東京大学中国語中国文学研究室紀要』第6号、2003年)を参照した。

第 2 章　人間関係とコミュニケーション
──「挨拶」について考える

本章では、日本語との比較を行ないながら、中国語の「挨拶」について考えてみたい。本書でいう挨拶とは、日常生活において友人知人と出会った際に互いに取り交わす定型的な語やフレーズ、もしくは人と会った時に日々繰り返し用いられる種々の言語表現を指す。それらとは別に、広く「挨拶」の範疇に含まれる、各種のセレモニーにおける祝辞や謝辞などの類は対象とはしない。

　なお、中国語に関しては、大河内康憲氏の2篇の論文「中国語における呼語の性格」（『中国語学』81号、1958年）および「中国のあいさつ語」（『日本語学』第10巻2号、1991年。のちに『中国語の諸相』白帝社、1997年に収録）を適宜参照しつつ、さらに本書独自の調査結果に基づき、両論文が指摘する内容にもいくつか検討を加えてみたい。

1.「公おおやけ」の挨拶

"你好！"と「こんにちは」

　まずは、最も代表的な挨拶として、どんなテキストにも出てくる"你好！Nǐ hǎo!"と「こんにちは」について見ていこう。"你好！"は中国語の初級テキストには必ず登場する挨拶語であるが、中国語を学んでいなくとも知っている人は多いだろう。ただ、"你好！"は「こんにちは」

と訳されることが多いが、両者は決して同一の意味や用法を有する挨拶ではなく、また、英語の"Hello!"や"Hi!"とも大きく異なるものである。上掲の大河内氏の論文「中国のあいさつ語」は、"你好！"の使用に関して以下のように記述している。

（1）"你好！"は普通、顔見知りには言わない。
（2）"你好！"は中国人間では初対面のときに、それも都市の知識人の間で使われるくらいであろう。もっぱら外国人向けといってよく他人行儀なものである。

上記（1）（2）で示された使用状況は、1980年代までの実態に基づいた記述と分析である。これだけでも「こんにちは」との違いが歴然としているが、同論文の発表から四半世紀以上の時を経た現在では、その使用状況にさらに変化が生じている。今回筆者はアンケートにおいて、「どういう人に対して、どういう場合に"你好！"と言うか？」という問いを設けたが、それに対する回答を集約し、また近年のドラマや映画などで見られる用法も考慮に入れると、概ね以下の項目にまとめることができる。

①初対面の人（自己紹介の前に）
②面識はあるがあまり親しくない知り合い（近所の人）
③挨拶をされたが相手の名前が分からない時（教員が自

分の教えている学生に教室以外で会った時など）
④ごくたまにしか会わないので、とっさに名前が思い出
　せない人と会った時
⑤会社の受付の人やお店の従業員に話しかける時
⑥街頭でチラシを配っている人や勧誘をしている人から
　言われる

　項目に基づいて分析すると、現在の"你好！"の使用状況は、「もっぱら外国人向け」というものではなく、場面によっては中国人同士でも必ず使われていると言える。また、状況によっては「顔見知り」の相手にも使っていることが分かる。上記①から④までの項目に共通している点は、相手の名前が分からないということである。

　この「名前を知らない相手に使う」という基準は、日本語の「こんにちは」と大きく異なる点であり、特筆すべき一面である。従来の研究が夙(つと)に指摘するように、中国人が親しい友人との間で交わす挨拶のパターンに"你好！"は含まれないのであるが、現在の中国では、以前と異なり、友人知人以外の人、すなわち「顔見知りだがよく知らない人（中国人）」に対しても場面に応じて挨拶をする傾向がある。その場合は"你好！"を用いるよりほかに手段が無いのである。これは比較的新しい傾向だと言える。上記の項目のうち②③④のような状況では、昔（90年代初頭以前）は"你好！"はそれほど使用されていなかったのだと思われる。

さらに、回答のうち⑤訪問先の会社の受付の人やお店の従業員への呼びかけと、⑥街頭でのチラシ配りが言うという事例は、より近年になって定着した新しい用法であると言える。⑤と⑥の状況では、相手は名前どころか顔も知らない人であり、また多くの場合はその後、二度と会うことが無い人であろう。料理を注文したいので店の従業員に呼びかける時、通りすがりの通行人にチラシを渡す時、つまり、その場の状況でこちら側から相手の注意を喚起し、話しかける必要がある場合に"你好！"が使われるのである。これは一種の社交的ストラテジー（戦略）であり、言い換えれば友好的な話しかけの演出である。

　ちなみに、⑥の場合は、日本語でも街頭でのティッシュ配りの人が「こんにちは」を使うこともある。また、日本の飲食店やコンビニエンスストアなどで、店員が「いらっしゃいませ、こんにちは」と挨拶する光景を目にする機会が増えているが、この使い方も⑥と同じ意識が働いている。要するに友好的なアプローチを演出する用法である。これは自分の知らない不特定の人に対して使用しているという点において、「こんにちは」の本来の使い方とは異なるものである。こういった点において、日本語も中国語も挨拶の用法が時代とともに拡張していることが見て取れる。

「こんにちは」は、いつ誰に使う？

　ここで日本語の「こんにちは」を使用する状況も確認しておこう。概ね、以下の場合に用いることが可能だと思わ

れる(時間帯は、いずれも午後から日没頃までとする)。

　(a) 同僚、同業者など仕事仲間と職場で会った時
　(b) 近所の(顔見知りの)人と会った時
　(c) よく通うお店の店員との挨拶
　(d) 公共の場においての最初の呼びかけとして

　(a)について、企業の同じ部署で机を並べているような間柄で、就業中に常に顔を合わせている同僚同士だと「こんにちは」の使用は減るだろう。毎日定時に出勤する場合は、朝のうちに挨拶を交わしているので午後の挨拶はしないだろうし、午後から会っても「どうも」「お疲れ様です」など、ほかの表現が用いられることも多いだろう。
　ちなみに、大学の教員は個人の研究室を与えられている場合が多く、日々の出勤時刻も一定ではない人が多いので、学内で同じパターンで人と出会うことは少ない。廊下などで同僚と出会った時の(午後の)挨拶は、概ね「こんにちは」である。業種や勤務形態などによって、実態はさまざまであろうが、職場で「こんにちは」が絶対に排除されるということはないであろう。中国では同僚同士で"你好!"と言うことはまず考えられないので、その点において状況はかなり異なっている。社会人ではないが、中学生や高校生が部活動の先輩や顧問の教員と校内で会った時に言う「ちわっす」「ちわ〜」の類も、これに準ずるものである。

（b）も住居の形態や年齢層などで違いがあるかと思われる。同じマンションの住民同士がエレベーターに乗り合わせた場合などでは、使用に個人差もあるだろう。ただ近隣の住民同士で「こんにちは」と挨拶する人が少なからず存在することは事実である。

（d）は上で述べたコンビニ店員やチラシ配りに加えて、イベントなどの司会者が開始時に会場に向かって挨拶する場面や、選挙カーから流れる挨拶が該当する。郵便や宅配便の配達員が言う場合も、これに該当する。

（a）（b）（c）において、（a）「同僚」は無論のこと、（b）「近所の人」や（c）「よく通うお店の店員」においても相手の名前を知っている場合が多いが、（b）（c）では顔見知りであるが名前を知らない場合もあり得るだろう。名前を知っている方が「こんにちは」を使用する度合いが上がる。（d）は不特定多数への呼びかけや、観衆、配達先などに対する使用であるので、当然相手の素性は分からない。ただ、これは既に述べたように、個人の日常生活における「こんにちは」の用法には該当しない。

以上をまとめると、「こんにちは」は、基本的に、職場やコミュニティなどの場における知人で、知り合いではあるが、個人的に深い付き合いは無い相手に対して用いるか、公の場における儀礼的な挨拶かのいずれかである。（a）（b）（c）に該当する人物であっても、その人とプライベートで親しい交流がある場合は、もはや「友人」であり、親しさの程度が上がるにつれ「こんにちは」の使用範囲か

ら外れることになる。

　以上のことから、"你好！"と「こんにちは」に共通することは、親しい間柄では使わないということであり、この点は、中国語の"你好！"だけが有する特徴ではない。"你好！"も「こんにちは」も、身内や親しい友人などの圏外で用いられる。すなわち「公」の挨拶語なのである。ゆえに具体的な使用対象に若干の違いはあるものの、両者ともに社交的、儀礼的な拡張的用法を持つ。
　"你好！"と「こんにちは」の相違点は、"你好！"は、日常生活では原則として「（面識はあるが）名前が分からない人／初対面などで、まだよく知らない人」に使うのに対して、「こんにちは」はむしろ、「ある程度知っている人／自分と何らかの繋がりがある人」に使うということである。つまり、ともに個人的に親しくはない人に対して用いるのであるが、その親しくはない知り合いという範疇において、"你好！"と「こんにちは」では、相手に関する情報の質や量に違いがある。簡単に言うと、相手を「知っている度合い」に差があるということである。
　儀礼的な用法を除き、日常生活で個人が使用する場合に関して、"你好！"と「こんにちは」を使う対象を簡単にまとめると、次の〈表5〉のようになる。
　〈表5〉から分かるように、"你好！"と「こんにちは」の使用対象には少しズレがある。簡単に言えば、"你好！"の方が、より情報量の少ない、つまり、あまりよく知らない相手に対して使用されている。これは、挨拶を交わすべ

〈表5〉"你好！"と「こんにちは」の使用対象

	你好	こんにちは
親しい友人	×	×
知人（日常会う）	×	○
顔見知り（名前を知らない人などを含む）	○	△
初対面の相手	○	×

注）日本人で、まったく初対面の相手に「こんにちは」と言う人もいるようだが、それは社交的用法を個人の生活において採用しているのではないかと思われる。

きだと感じる基準や意識が、日本と中国とで微妙に異なっているためだと考えられる。

　先に挙げた"你好！"を使う項目の⑤のように、会社を訪問した人や飲食店の客の側から社員や従業員に話しかける場合だと、日本語では一般には「こんにちは」ではなく「すみません」が用いられる。「すみません」は謝罪と謝意を兼ねるが、基本的には相手に迷惑や手間をかけた（かける）ことに対する詫びの気持ちを含むものである。日本人がこれを多用するのは、詫びなければ相手が失礼だと思い、その結果相手の感情を害しはしないかという恐れがあるからだという分析がある（土居健郎『「甘え」の構造』増補普及

版、弘文堂、2007年)。

　この分析を少し押し拡げて考えると、日本人が挨拶をする必要を感じる基準は、失礼があってはいけないという意識であり、さらに言うと、それはエチケットや道徳的な意味よりも、相手が自分に対して有している好意や、その人との良好な関係を損なわないようにしようとする心情である。従って、それを感じる相手は概ね既知の人物であり、しかも、既にある程度以上の関係を有している相手である。それゆえに日本人は、最近のコンビニなどでの拡張的用法や、公の場での儀礼的な用法を除き、個人としては初めて会った人に対して、いきなり「こんにちは」という挨拶をすることは無いのである。

　一方、中国人は日本人と異なり、現状の関係を良好に維持することを考えるよりも、もっと未来志向であり、主として良好な人間関係を開拓し、築くことへ意識が向けられている。次節で詳しく述べるが、そもそも中国人は、既に良好な関係にある人には、むしろ気を遣わない。気を遣うということは親しいことを意味しない。中国人は既存の人間関係において「失礼があってはならぬ」という意識を廻らせるよりも、「気持ち良く新規開拓する」ことを考え、これから関係を持つ人との間で良好な雰囲気を生み出すことに意を注ぐ。そういった意識に立脚し、中国語の"你好！"は、特に社会と経済の体制が大きく変容しつつある現在において、より情報量の少ない不案内な相手に向かって、むしろ積極的に使われているのだと考えられる。

そういう意味において、挨拶というものは、礼儀や道徳といった最も基盤的な目的のみならず、大なり小なり自己にとってプラスになることを望んで用いられていると言える。ただ、プラスだと認識される内容が、日本と中国とではまったく同じわけではないということであり、延いては日本人と中国人の人間関係に対する認識そのものが、似ているようで少し異なるということでもある。「挨拶」についてさらに考えていく前に、このことについても見ておくことにしよう。

2．人間関係の認識

「身内」と「他人」
　中国語には"自己人 zìjǐrén"という語とそれが有する概念がある。この語は、一般に「身内」と訳されることが多いが、直訳すれば「自分寄りの人・自分の側の人 (people on one's side)」という意味であり、日本語の「身内」よりも意味が広い。社会心理学や経済学の用語などで使われる際には、英語で"acquaintance"と訳されることもあり、知人や友人の類までを含む。
　一方、日本語の「身内」は血縁関係に基づく親族を第一義とし、タテ社会的色彩の濃い組織の構成員や、ひとりの親分に属する子分たちを指すこともあるが、いずれも血縁関係に擬(なぞら)えた意味を持つ。日本人社会における「身内」と

は、縁で結ばれ、「長」を中心として結束を持つ集団のメンバーを指し、その集団は閉鎖的な集合であるイメージが強い。「身内だけでお祝いする」「身内の話に口出しをするな」といった種々の表現などにも、その性質が見て取れる。類義語の「内輪」には親しい友人なども含まれるが、結局この語にしても、外部の人を交えない、オープンではないという意味が付帯する。他人同士が「身内・内輪」の関係になるためには、通常は一定以上の時間と親密な付き合いを経て、それによって築き上げた信頼関係を必要とする。

　中国人にとって"自己人"とは家族や親戚も含む概念ではあるものの、上で述べたように友人や知人までを広く包括でき、日本人の「身内」とはむしろ逆に、外へ向けての広がりを含意する側面を持つ。多くの中国人は海外にも個人的なネットワークを持ち、実際に行き来して交際の輪を広げ、初対面の相手とも積極的に近づこうとする。"一回生，二回熟 Yì huí shēng, èr huí shú"（1回目は見知らぬ人、2回目は馴染みの人）という俚諺（りげん）からも分かるように、"自己人"と見なされる関係を持つには、日本人の「身内」のように必ずしも一定期間の熟成された付き合いを要するとは限らない。

　古代の話であり、また創作された挿話ではあるが、三国志における劉備、関羽、張飛の「桃園結義」は、3人が初めて会ったその日に義兄弟の誓いを交わすものである。現代の中国人も、意気投合すれば"自己人"になるのにそれほど時間を要さないこともあるだろう。また、"自己人"

という関係には、必ず「助け合い」の精神が強く働いており、「私のものは君のもの、君のものは私のもの」のような一種の自己同一化の意識が強固に内在している（元来、中国人が「割り勘」をしないのも、この意識と関係があるように思われる）。これは「親しき中にも礼儀あり」という多くの日本人が持っている意識と、ある意味まったく反対の感覚であると言える。

　"自己人"に対する意識とその変化
　序章の冒頭で、「ありがとう」は言うのに"谢谢 xièxie"とは言わない友人の話を述べたが、その友人にとって、筆者は"自己人"に属する人であり、それゆえ筆者に対してお礼を言うという行為は、その友人には思いもつかないことなのであった。言語が中国語モードに変わった瞬間に、思考や振る舞いが中国式になったわけである（これは決して筆者の思い込みではなく、当人も筆者のこの分析を聞かせた時に異論を唱えなかった）。
「あなたは私、私はあなた」という意識に基づけば、"自己人"に対して、お礼を言うという礼儀に則った行為を行なうことは、元来中国人にとって非常に違和感を覚えることであり、そのことによってかえって相手との間に疎遠な感情が生じてしまうのである。自己同一化している相手であってみれば、言わば自分で自分に礼を言うような行為であり、中国人の感覚としては非常に妙なことに感じられる。この感覚は従来中国人の意識において、かなり普遍的なも

のであった。

　ところが、現在では、その意識にも少し変化が見られる。筆者が行なったアンケートでは「親や親戚に礼を言うか？」という質問を設けたが、親にも親戚にも礼を言うと回答した人は全体の55％に上った。さらに、親には言わないが、親戚には言うと答えた人を加えると、68％に達する。しかも、特別なことをしてもらった時というよりも、日常手助けをしてくれたり、普段の生活で何か品物を貰ったりした時にお礼を言うという回答が多くを占めた。お茶を入れてくれた時でも言うという人もいた。

　ちなみに、お礼や"自己人"とは別のことであるが、90年代から現在に至るまで日本で出版された中国関係の書物において、「中国人は謝らない」といった類の記述がしばしば見られる。しかしながら、現在20代から40代の中国人に尋ねてみると、当人もそうだが、周りの人も含め日常の生活において過失や誤りが生じた場合は、普通に謝っているという認識が強いようである。そういった人たちに「中国人はなかなか謝らないですね」と言ってもピンと来ないであろう。現在では、電車やバスで足を踏んでしまったり体がぶつかったりした時などは、むしろ「謝らなかった」から揉め事になるということも多いそうである。謝罪の頻度については、いわゆる"面子"の問題も含め、同じ個人であってもTPOに基づく振る舞いの違いもあり、さらに、そもそも日本人が外国人と比べて謝罪表現を多用している事実も考慮に入れる必要がある。また直接間接のさまざ

な表現を分析した上で、何が謝罪であり謝辞であるかということを考察する必要もあるだろう。

　ともあれ初歩的な意識調査に基づけば、現在の中国人、特に若い世代においては、従来の認識と比べ、自分自身を取り巻く"自己人"の圏内においても、感謝や謝罪を表明する頻度が上がっているようである。こういった行動様式の変化の要因を詳らかにするのは容易ではないが、やはり社会の変貌や、子育ての形態とその考え方の変化、さらに外国からの情報の流入や個人としての意識の変化などが考えられるだろう。今後さらに10年20年と年月が経（た）てば、謝辞謝罪の使用の変化にはますます拍車がかかるかもしれない。そしてその状況にともない、たとえば挨拶の仕方や人との応対にも、随時変化が見られることだろう。もちろん、それは日本においても同様である。

3．「私（わたくし）」の挨拶（１）——相手を呼ぶ

相手の名前を呼ぶという挨拶
　ここからは、主に個人が日常生活で友人知人と交わす挨拶について見ていきたい。「公」に対する「私」、つまりプライベートな領域における挨拶である。相手は当然のことながら、親しい人、よく知っている人である。
　大河内康憲「中国のあいさつ語」は、日常生活のさまざまな場面における挨拶の実態を調査した上で、以下のよう

に指摘している。

　このような中国のあいさつ語は日本語などと較べてどのような特徴をもっているといえるだろうか。まず第一に、定型化したあいさつ語が少ないことである。[中略] 第二は、中国語は日本語とちがって、あいさつに呼びかけ語が活躍することである。つまり phatic なあいさつとしては相手の名を呼ぶことが基本なのである。[小野注："phatic"「交感的な」。情報伝達ではなく、交際の雰囲気を作り出す機能を指す]

　ここに指摘されている、「定型化したあいさつ語が少ない」というのは、逆に言えば中国語の挨拶は非常に実義的であるということであり、それは第1章の「応答判断語」の分析でも述べたように、中国語という言語に一貫している特徴でもある。挨拶の実義性については追って本章第6節で詳しく述べるが、ここではまず、第二の指摘である「相手の名を呼ぶ」という行為について考えてみる。同じ大河内氏の論文では、呼びかけによる挨拶の例として以下の場面を挙げている。

　たとえば若い張先生が朝学校に行く具体的場面を想像しよう。家を出るとき母親に"妈"と一声かける[小野注："妈 mā"（お母さん）]。これは日本語になおせば「行ってきます！」と言っているのである。学校のそばで院

長の王先生に会うとこちらから"王院长"と軽くよびかける。これも日本語で言えば「おはようございます！」に相当する。向うはにっこりするだけである。さらに行くと学生の李君が来る。李君はにっこりと"张老师"という。張先生もにっこりとうなずく。

こういった呼びかけによる挨拶は、たしかに中国で日常よく見られるものである。中国語において、相手の名前を呼びかけることが挨拶の機能を果たしていることは疑いの無い事実である。ただ、この場面の説明で、相手の名を呼ぶ挨拶が「おはようございます」に相当すると書かれていることには、少々注記が必要だと思われる。

上の状況は、ある教師の出勤時の様子を描いたものである。学校に近づくにつれ同僚や学生たちと次々に会う場面であるが、その場合は一言挨拶するだけで十分であり、またそうする余裕しか無いであろう。ただ、挨拶のあと、さらに相手としばらく一緒にいる場合はどうであろうか。

日本語の「おはよう」「こんにちは」は、その状況においても、やはりこの挨拶の一言だけで済まされることもある。職場でエレベーターを待っている時に同僚と会う。互いに「こんにちは」と声をかけ合う。エレベーターが来て乗り込んだあと、降りるまでのしばらくの間、もし互いが無言であったとしても、それほど不自然とは思われない。しかし、中国人の場合、互いに名前を呼びかけたあとでは、まずそういうことは起こらないであろう。エレベーターの

中では、必ず何らかの会話が継続するはずである。その人とある程度の時間一緒にいながら、ただ最初に相手の名前を呼ぶだけで済まされるのは、恐らく幼い子供だけであろう。その点において、中国人の名前の呼びかけによる挨拶の使用実態は、「おはよう」「こんにちは」に完全に相当するわけではない。

　つまり、擦れ違いざまや一対多数の場合など、状況によっては、相手の名前を呼ぶだけで終わるということはあるものの、通常、特に二人きりの場合は相手の名を言ったあとでさらに対話が続くのが常態であり、その意味では、相手の名前を言うという行為は、やはり「呼んで」いるのである。それは往々にしてコミュニケーションの開始を意味するものであると考えられる。

　言い方を換えれば、「おはよう」「こんにちは」は、それだけを言ってあとの短い時間は無言でも済まされるくらいの間柄であっても用いられる挨拶であるのに対し、中国人が互いに名前を呼び合って挨拶をするという関係は、そのあとも一緒にいて無言でいるような事態が起こり得るものではないということである。中国人が名前で呼ぶ挨拶は、「おはよう」のような形式的なものではなく、逆にパーソナルな親しみの籠められたものである。換言すれば「公」の挨拶と「私」の挨拶との違いである。上の大河内氏の論文が挙げる場面で、名前を呼ばれた人がいずれも「にっこり笑う」という行為を想定していることからも、それは覗える。ある意味これは親しい人同士における以心伝心

のコミュニケーションである。

対話中にも相手の名前を何度も呼ぶ中国人

　中国人が相手の名前を呼ぶという行為は、親しい友人知人と出会った時の挨拶だけでなく、対話の途中にも頻繁に見られる現象である。具体的な例として、ドラマ《黒洞》第28話から二つの場面を挙げてみよう。最初の例は、犯罪者の策略に嵌められて、根も葉も無い嫌疑で逮捕勾留されてしまった刑事隊長の劉振漢（隊長は日本の警察の係長に該当する）の上司である龐局長の自宅に、劉振漢の妻である王麗敏が訪ねてきた時の会話である。龐局長が王麗敏を励ましつつ、劉振漢の不当な逮捕を防げなかった自分の無力を詫びる場面である（引用文が長いので、中国語の発音表記は省略する）。

庞局长：丽敏啊，你可是要挺住啊。孩子好吗？
王丽敏：挺好的，您放心吧。我们不会垮下来的。
庞局长：丽敏啊，我代表全局的干警，向你表示歉意啊。振汉受这么大的委屈，我呢，作为一个局长却无能为力，我也心里不太好受。
龐局長：麗敏よ、だがグッと堪えないといけないよ。子供は元気か？
王麗敏：とても元気です、安心してください。私たちは崩れてしまうようなことはありませんから。
龐局長：麗敏よ、私は全警察局の幹部と警官を代表して、あな

たに遺憾の意を表します。振漢がこんなにひどい目に遭って、私はね、局長として力を出すことができず、自分でも心苦しく思っている。

次の場面は、刑事実習生である龔倩が、留置所に勾留されている上司の劉振漢を訪ねて行った時の会話である。

龔倩：刘队，您在里头受苦了吧？

刘振汉：哎哟，我这儿挺好的，能挺得过去，谢谢你们来看我。怎么了？ 你和你那帮人最近怎么啦？

龔倩：刘队，我们大家都特别担心您，而且我们都觉得特别失望。其实现在每个人都知道事实的真相，可您还是在里头。所以我们都开始怀疑自己的能力，能不能帮到您。

刘振汉：哎呀，不要这样。你们一定要自信，你们赶紧加紧干。你们干得好，我不是出来得也早吗，啊？

龔倩：我知道了。刘队，您一个人在里头没人照顾，自己多小心身体啊。

龔倩：劉隊長、（留置所の）中では苦しい思いをしているでしょ？

劉振漢：いやぁ、私のところは結構良いから、我慢できるよ。会いに来てくれてありがとう。どうだ？ 君とあの助っ人は最近どうだ？

龔倩：劉隊長、我々は全員あなたのことを心配していますし、しかもとても失望しています。実際は、今誰もが事の真相を

知っているのに、でも、あなたはまだ（留置所の）中にいる。だから我々は、あなたの力になれるのかどうか、自分たちの能力を疑い始めています。
劉振漢：おいおい、それはいけない。自信を持って、急いで躍起になってやってくれ。君たちがうまくやれば、私が出てくるのも早くなるんじゃないか、え？
龔倩：分かりました。<u>劉隊長</u>、あなたはひとりで中にいて、誰も面倒を見る人がいないから、ご自分で十分体に気をつけてくださいね。

　いずれの場面も、二人きりの会話である。内容はともに深刻で、大事な話をしているわけだが、龐局長と龔倩は発話する度に相手の名前を呼んでいる。日本語では、このように相手の名前を何度も呼ぶことは、あまり見られない現象であろう。中国の小説を読んでいても、二人の人物が取り交わす一連の会話の中で、相手の名を呼ぶ行為が非常に多く観察される。

名前を呼べば親しみと連帯感が生じる言語
　コミュニケーションにおいて、相手の名前を頻繁に呼ぶことは、中国語に限ったことではないようである。アメリカでシルク・ドゥ・ソレイユに出演していた粕尾将一氏のブログに、次のような経験談が書かれていた。シアターで仕事をする仲間は、毎日会う度に、第一声としてお互いの名前を呼び合う。"How are you?" という挨拶の前にも、

まず名前が呼ばれる。些細な会話でも、事務的な伝言でも、話の合間に名前が挿入される。日本人の粕尾氏自身にはそのような習慣は無く、最初は周囲があまりに名前を呼ぶので面白いと感じていただけだったが、その後、実験として、自らも相手の名前を意識的に呼ぶようにした。すると、仲間との会話の量が格段に増え、演技に関しても積極的に意見を言ってくるようになったのだそうである。

端的に言えば、名前を呼ぶことで、相手のことをきちんと認識し、関心を持っているという心情が明確に伝わるということなのだろう。具体的な相手の呼び方については、中国語と英語では実態が異なる。あのお堅いイギリスでも、年長者や上司、社長に対してさえ、ファーストネームで呼びかける方が現在では主流のようであるが、中国人は目上に対してそういう呼び方は絶対にしないであろう。しかし、名前を呼ぶという行為そのものの持つ意味は、英語の場合と非常に共通した機能を有していると思われる。

ちなみに、そういった海外の事情も踏まえてのことか、日本語の会話術やコミュニケーション能力の向上などに関係するウェブサイトなどでは、対話中に相手の名前を呼ぶことの重要性を唱えているものが多い。しかし、それにもかかわらず、そういった習慣は、まだ日本語の実態として広く見られる現象だとは思えない。むしろ、対話中に何度も名前を呼ばれたら、困惑したり鬱陶しいと感じたりする人が多いだろう。文の主語でさえ省略しがちな日本語の性格から考えて、目の前にいる人から何度も名前を呼ばれる

という行為に親しみや連帯感を強く感じる人は、日本では決して多数派を占めているとは言えないだろう。

　これは結局、心情や情報を全て明確に言語化して（「ことば」として表して）伝える方が良い、逆に言えば言語化しないと相手に伝わりにくいタイプの言語と、分かっていることは言わない方が好ましい、あるいは言語化されていない部分を聞き手が察することを期待するタイプの言語との違いである。言うまでもないことであるが、対話の最中に相手の名前を呼ぶという現象に関して言えば、中国語は英語と同じく前者に属し、日本語は後者に属する言語である。

相手への呼びかけは発話の予告ではない

　井上優『相席で黙っていられるか』（岩波書店、2013年）は日本人と中国人の言語行動を比較した著述であるが、その中で中国人の呼びかけについての言及がある。同書は、中国人が発話の前に相手に呼びかけるという現象は、相手に対する働きかけだと分析する。それは、キャッチボールで最初にボールを投げる時に「行くぞー！」と言うのと同じことだと説明されている。要するに予告であり、聞き手の対応を促す発話前の準備作業ということになる。

　しかし、本書はそのようには考えない。井上氏は、中国人学生が日本語で話す時にも、発言の前に「先生」と何度も呼びかける例を挙げているが、中国人学生が「先生」と呼びかけるのは内容のある発言の前だけではない。日本語

で挨拶をする時も、大部分の中国人学生は「先生、こんにちは」と言う。井上氏は「呼びかけなしにいきなり話を始めるのは、唐突で失礼である」と述べるが、背後から密(ひそ)かに近づいてきたのであればともかくも、面と向かっている状況で単に「こんにちは」と言うことは、日本人が誰でも通常行なっていることであり、その前に相手に呼びかけなくとも何ら唐突でも失礼でもない。

　また、静寂を破っていきなり発話するのが憚られるので、その準備作業（前触れ）として何か言うのであれば、日本語でも「あのぉ」「え～と」「あ～」など、さまざまなフィラー（filler：独立した意味を持たず、発話の間を埋めるために発せられる音声や語）があり、相手の名を呼ぶことが専らその機能を有するわけではない。ちなみに中国語にも、指示詞や接続詞、母音などによるさまざまなフィラーが存在し、用いられている。

　以上のことから、中国語において対話中に相手の名前を呼びかける行為は、発話前の予告や準備作業ではないと考えられる。それでは、その役割とは一体何なのだろうか。

相手の名を呼びかけることの機能
　先に挙げたドラマの会話は、両方の例ともに二人きりで、かつ緊張した雰囲気の下で交わされているものである。特に二つ目の龔倩と劉振漢の会話は、留置所内でのものなので、ガラス越しに向かい合って電話の受話器を通して行なっているものである。対話者は双方が見つめ合って十分会

話に集中しており、井上氏の分析のような、唐突さを回避するために「発話の予告」や「働きかけ」が必要な場面とは到底思えない。しかしながら、龔倩は発話するごとに"刘队"（劉隊長）と相手を呼んでいる。

対話の最中に相手の名を呼ぶことは、相手に対する心情の発現であると本書は考える。それは、自分が言うことばに心を籠め、その内容を相手にちゃんと受け止めて欲しいという心理状態の現れであり、また、相手の名を呼ぶことによって、自分の発話の向かう先が言語化され、発話の対象である眼前の人物が明示されることによって、自分の発話が「実のあることば」になるのである。

大河内康憲氏の「中国語における呼語の性格」は、呼びかけ語の機能について、以下のように結論している。

呼語の本来の役割は、話しかける相手が誰であるかを明かにする。またその相手の注意を惹くことにあると思われる。しかし中国語でこのことは次第に二義的なものになりつつある。そしてそれがしきりに使われる最大の理由は、「小的特来与阁下商議」といった表現のなくなった中国語で人称代詞に代って話し手聞き手の位置の差を補填することにある。［小野注："小的 xiǎodi"「手前・やつがれ」。一般人が役人の前で謙遜して言う自称。"阁下 géxià"「閣下」。主に書簡文で用いる相手に対する敬称。「小的特来与阁下商議」は「私めが進んで閣下（あなた様）と交渉いたします」の意］

本書の第3章でも詳しく述べるが、強固なタテ社会である中国においては、役職や年齢差を考慮した上で、組織や団体における呼びかけ語の機能について考えることは非常に重要であり、その意味において、上記の結論とそれに至る大河内氏の調査と分析は十分うなずけるものである。ただ、対話中に相手に呼びかけるという行為は、家族や同年輩同士、また親しい友人間でも頻繁に見られる現象である。こういった呼びかけ全般に通底する機能については、「互いの位置の差を補塡する」こと以外に、さらに考察の余地があると思われる。

「ことば」の行き先を明示することの意味
　対話中に相手の名を呼ぶ場合、それは必ずしも発話する文の前とは限らない。逆に発話した文のあとで相手の名を言うこともよく見られる現象である。先ほど引用したドラマ《黒洞》からも、そういった例はいくらでも見つかる。少し挙げてみる。

　这么空啊，贺科长。Zhème kōng a, Hè kēzhǎng.
　　こんなに暇なんだ、賀課長。
　还有一句话，嫂子。Hái yǒu yí jù huà, sǎozi.
　　もうひとつ言うことがあるのよ、お姉さん。
　你大胆，王明！Nǐ dàdǎn, Wáng Míng!
　　お前は大胆だ、王明！

前後の関係から考えて、これらの呼びかけ語が相手の注意を惹くためのものだとは考えにくい。況してや後付けであるので、予告などの機能とは無関係である。

　今回さまざまな調査を行なう過程で確認したことであるが、"谢谢"と"谢谢你（您）"では、同じ「ありがとう」であっても含まれる意味に違いがある［注："您 nín"は二人称代名詞"你 nǐ"の敬語体］。"谢谢"は形式的で、それゆえ場合によっては余所余所しい意味を表出することがあり、本当に感謝している場合は"谢谢你（您）"を用いる方が圧倒的に多い。この場合、"你（您）"の代わりに相手の名前や親族名称、相手の役職など具体的な呼び名が入ることも多い。

　中国語では、自分が相手に向けて言う「ことば」の中に、相手そのものを言語化して組み入れることで、話者の心情を含めることができるのである。中国人学生が日本語で挨拶をする時に「こんにちは」だけでなく「先生、こんにちは」と言うのも、儀礼的な挨拶ではなく、ちゃんと心の籠った挨拶をしようという気持ちの現れである。これも一種の母語の影響である。

　中国人が対話の中で相手に呼びかけるのは、具体的個別的な目の前の相手に自分の考えや思いを伝えるという意識の現れであり、相手を呼んで言語化することで、「親しみ・尊敬・説得・叱責・請求」など種々の感情や意図を籠め、相手にそれを伝えることができる。上で発話が「実の

あることば」になると述べたのは、この意味である。ゆえに、中国人同士の対話では、対話の始めや締めくくり、また内容によっては１回発言するごとに、相手を呼ぶという行為がなされるのである。

　今回の調査で分かったことだが、調査協力者の中で、友人と出会った時や対話の最中に、敢えて相手の名前を呼ばないという人が数名いた。いずれも20代から30代前半の人である。決して多数ではないが、そういった人は、相手がよほどこちらに気がついていない時や、相手に対して怒っている時などを除けば、名前を呼ぶことはまず無いと言う。当人にも確認してみたが、どうもそういう人は、名前を呼ぶという行為を重苦しく受け止め、心理的な圧力を感じているようである。これも近年になって出現し始めた新しい傾向なのかもしれない。

　こういった人が今後増えるかどうかは分からないが、名前を呼ぶことが「重苦しい」と感じている人がいるという事実は、対話中に相手を呼ぶという行為が、発話を「実のあることば」にするという本書の分析を裏付けるものだとも言えるだろう。つまり、「実」があり、種々の心情が籠められるからこそ、呼びかけをともなう発話が軽々しい物言いとは認識されないのである。

　以上、中国人が相手の名前を呼ぶということについて、広く考察してきたが、親しい友人知人と出会った時に、まず名前を呼ぶということは、中国人にとっては最も基本的で、かつ必須の言語的行為である。それは個人的な挨拶の

基盤であるとともに、親族内や社会における人間関係を確認し合い、同時に互いの親愛や連帯の情を交わし合う手段である。さらに、対話において相手を呼ぶという行為は、自分のことばを「実のあるもの」にするという表現機能を発揮する手段となっているのである。

4．「私」の挨拶（2）——行動への言及

「食事は済みましたか？」
　中国人の日常における挨拶の別の類型として、目の前の相手がしている行為や、その場の相手の状況について言及するタイプがある。たとえば次のようなものである。

"上班去？ Shàng bān qu?"　　出勤ですか？
"出去啊？ Chūqu a?"　　　　 お出かけですか？
"买菜去啊？ Mǎicài qu a?"　　（食材の）買い物に行くの？

　このタイプの挨拶表現はいくつもあるが、これらは声をかけるということが目的であり、真剣な質問ではない。近隣住民同士で日々繰り返し交わされるものである。
　その中で最も広く用いられ、外国人にも有名なフレーズは、"吃饭啦？ chī fàn la?／吃过饭啦？ chīguo fàn la?"（食事は済みましたか？）であろう。大河内康憲「中国のあいさつ語」では、この表現について次のように述べる。

これはしばしば食事が人間生活にとって重大問題だからという説がなされるが、柳田国男の指摘するように「頃合いの話柄が見附からぬ」とき茶飯のありふれた話題で言葉をかわすことと理解する方が正しいようである。

　筆者もこの考えを支持したい。たしかに、いくつかの書籍において、"吃（过）饭啦？"という表現を日常の挨拶で用いるのは、中国人が食に対して極めて関心が強いからだという説明を見たことがある。中国とイタリアは食に関して歴史があり、また造詣が深いというイメージが強固であることもひとつの要因なのであろう。

　ただ、この挨拶で言及している食事は日々の生活における通常のものであり、記念日であるとか親類や友人同士で集まって外食する時のような特別な食事を指すものではない。「ハレ（霽れ）とケ（褻）」で言えば間違いなく「ケ」に属するものである。"吃（过）饭啦？"という挨拶の説明に、中国の食に関するさまざまな史実や逸話を引き合いに出すのは見当違いであろう。

　食事のことを挨拶に用いる表現は、日本にも存在する。千葉県の東総地区では「おあがんなさいまし」という挨拶を昼間にするそうで、実際使っているのは年配の人だと思われるが、これは「お昼を召し上がれ」という意味で、まさに食事について言及しているものである。ちなみに日暮れ時には「おしまいなさいまし」（もう仕事をやめて休め）

と言うそうである。農家のように、毎日規則正しく、日によって仕事の内容が変わることの無い環境においては、こういった挨拶が用いられるのは非常に自然なことである。また、地域に密着して連帯感の強いコミュニティで暮らしていれば、形式的な余所余所しい挨拶は用いられることが無く、日々の行動に基づいて声をかけ合うことの方が常態であるように思われる。

　ちなみに、序章で筆者の体験談を述べた部分で紹介した、河北省を一緒に旅した友人の実家は、人口750人ほどの農村にあるが、村民同士の間では"你好！"という挨拶は絶対に交わされないとのことであった。この点において、日本と中国との間に違いは無いであろう。

日本人も日常よくしていた挨拶
　そのように考えれば、嘗(かつ)ては日本でも、そういった日々の行動に基づいて友人知人に声をかけ合う挨拶の方が、単純で形式的な挨拶だけを交わすことよりも、むしろ主流であったのではないかとも思われる。相手の行動に言及しながら、実際は内容に踏み込んだ真剣な質問と回答ではないというやり取りである。そして、それは現代においても決して消滅したわけではない。噺家(はなしか)で重要無形文化財保持者（人間国宝）に認定された故桂米朝氏の枕（落語のネタに入る前に振る軽い話）にも、それについて言及したものがある。

えーまぁ、道で知ってる人とパッとこう出会う。そういう時に、よぉあの「どちらへお出かけです？」なんか言うのんでも、ええ加減なもんでっせ。どこへ行こうと何の関係も無いのやさかい、ほっときゃええと思うのに、「どちらへ？」てなこと言うんですな。ほなまた、言われた方が、また無責任なもんで、「へえ、ちょっとそこまで……」言うて。何や分からん。こんな「ちょっとそこまで」てな。こんな挨拶無いと思うのやけど、言われた方が、またそれで納得してますわ。「あ〜さよか。そらよろしい……」て、何がええのや分からん。

(『特選!!米朝落語全集　第七集』東芝ＥＭＩ)

別に相手の行き先が知りたいわけではなく、また訊かれた方もわざわざ正直に答えるようなことはしない。要するにお互い仲良くやりましょうという親愛の気持ちだけを伝え合う意味で、このようなやり取りが日常行なわれているのである。現在の日本では、特に都市部では減少しているようにも思われるが、今でも道端や電車の中で中年以上の女性同士が、「どこかお出かけ？」「えぇ、ちょっと」のような会話をしているのを聞くことがある。

相手や自分の行為について言及する意識の変遷
　さらに時代を遡ると、興味深い記述が見られる。金田一春彦『日本人の言語表現』(講談社現代新書、1975年) には、次のような指摘がある。

このごろはどうであろうか、戦前中国人とつき合ってびっくりしたのは、訪問をすると、そのあいさつに、「先生ハドコカラ来マシタカ」とたずねられることである。どこから来たかって、自分の家から出て来たにきまっているじゃないか、と私たちは思う。しかし、正式の答えとしては「ちょっと近所まで来たので」と答えなければいけない。つまり「汝はどこから来たか」という問いは、モシ近クマデ来タツイデニ寄ッタノナラヨイガ、ワザワザ出テ来タノナラバ恐縮ダ。の意である。だから、訪問客の方は、たとい自分の家から真直（まっすぐ）に出てきたときでも「ちょっと近所まで来たのだ」と告げて、相手の配慮を謝するのが正式だというわけである。そう聞けば、これは日本人にも多く聞かれるあいさつの形式である。

筆者が学生の時には、中国人の家を訪問した時に、"順便来了 Shùnbiàn lái le"（ついでに寄りました）と言うのは相手を軽く見ている意味に解され失礼になるので、"特意来了 Tèyì lái le"（わざわざ来ました）と言うべきだと教わった。また現在でも、いくつかの辞書や参考書でそのような説明を見ることができる。つまり、中国語では、相手の心理的負担を軽減するために自分の行為を軽く表現することは、相手を軽く見ている意味に解釈されてしまい、かえって失礼になるということである。教わった当時、日本人の感覚と逆なのだなという印象が強く残ったのだが、上の

金田一氏の記述を読むと、その当時（戦前）は中国人の感覚と日本人の感覚は同じだったということになる。自分のために他者がわざわざ何かをしてくれるのは申し訳ないという慎みの感覚である。それが戦争を挟み、新中国になって中国人の意識が変わったのであろうか。

本書の調査によると、現在30代半ばまでの若い中国人の感覚では、相手に対する自分の行為を"順便"（ついでに）と言い、控えた表現を用いても、親しい仲であれば言われた方は失礼だとは思わないという意見が多くを占めた。むしろ、親しい間柄で"特意"（わざわざ）と言われるとかえって重く、押し付けがましいと感じる人が少なくない。現在の若い世代の中国人の感覚は、やはり日本人と近いように思われる。戦前と現在（の若者）の中国人の感覚は日本人と近く、その間（1970〜90年代）では日本人と逆であったことになる。中国人の意識はこの80年ほどの間に幾度か変転しているのかもしれない。

このように、日常生活において親しい人々の間で交わされてきた挨拶には、日本でも中国でも相手の行動や自分の行動に言及するタイプのものが存在するが、これは時代の変遷にともない、刻々と変化している側面を持つ。中国では眼前の相手の行為や状況に言及し、それを挨拶として用いる表現が現在でもまだ十分主力であると言える。よく知っている相手と出会った際に相手の行為について言及するのは、日々顔を合わせる人同士の間で自然に起こる関心であり、またそれが決して深入りすることなく、適度な応酬

で成立するのが、このタイプの挨拶の特徴である。これは情宜から自発的に発生し定着した挨拶と言えよう。このタイプの挨拶は、一般に欧米では成立しにくい。個人としてのプライバシーに対する認識の違いがその原因である。

このように、人々が日常の生活において、親しい相手への自然な関心と感情から発する挨拶表現がある一方で、日本でも中国でも、幼い頃から家庭や学校で教育されて習得した挨拶もある。以下、そのタイプの挨拶について見ていくことにする。

5．教育によって習得する挨拶語

日本人の挨拶教育

日本で子供が親から教えられる挨拶と応答表現は、まず「こんにちは」であり、次に「ありがとう」であろう。親戚が来ても、近所の人と道で会っても、親は子供に「こんにちは」と言わせる。お正月にお年玉をもらった時、あるいは親戚から贈り物や小遣いをもらった時、親は子供に「ありがとう」と言わせる。ちなみに、中国では親戚からお年玉などをもらっても、親が子供に"谢谢！"と言わせることは無いようである（先に述べた"自己人"には礼を言わないという意識とも関係するのであろう）。筆者が周りの中国人に確認した限りでは、お年玉や小遣いは無言でもらう場合が多いようだが、中には"恭喜发财！Gōngxǐ fācái!"（財を成されておめでとうございます！）という大人びた祝詞を言わされたという人もいた。

　突然私事を述べて恐縮だが、筆者は兵庫県神戸市出身である。小学校低学年の時に下町の地区から市のやや北部に開発されたニュータウンに引っ越した。大きな規模の公団住宅であったが、各住戸のドアの横に、オレンジ色で名刺より少し大きめのプレートが取り付けてあり、「ありがとう・すみません・どうぞ」という３つのことばが刻まれていたのを憶えている。高度経済成長期の終わり頃であったが、その頃は市民運動により、住みやすい街づくりの一環として、マナーに関することばの普及活動がなされていたのである。それは現在も各地で連綿と続いているようである。2017年の夏に筆者がＪＲ御殿場線に乗っていると、裾野駅の近くに立っていた電柱に「あいさつ　へんじ　ありがとう」と書かれたプレートが貼り付けてあった。礼儀に関することばは、現在の自治体も教育と普及に力を注いでいるのである。

　幼稚園と小学校では「おはようございます」「先生、さようなら。皆さん、さようなら」を全員で揃って言い、給食の始めと終わりに「いただきます」「ごちそうさまでした」を唱和した。以上が幼少期に学んだ挨拶であったように思う。

　"叫叔叔！"（叔父さんと呼びなさい！）
　中国では、幼児が少しことばを話せるようになった頃、

親戚や近所の人と会った機会に、親が挨拶することを教えていく。それは日本と同じである。しかしながら、中国では、親が子供に"你好！"と言わせることは一切無いと言って良いだろう。

中国の幼児が最初に教え込まれる挨拶は、親族に対する呼びかけである。たとえば父方の叔父が来た場合、親は子供に"叫叔叔！Jiào shūshu!"（叔父さんと呼びなさい！）と言い、子供はそれに応えて叔父さんに向かって"叔叔！"と言うのである。"叔叔"の部分は相手に合わせて"阿姨 āyí"（母方のおば）や"爷爷／奶奶 yéye/nǎinai"（父方の祖父／祖母）などの親族名称に入れ替わる。

中国では親族名称が非常に複雑多様で、たとえば父親の姉妹が複数いる場合は、それぞれを"大姑／二姑／三姑 dàgū/èrgū/sāngū"（一番上のおば／二番目のおば／三番目のおば）というふうに呼んで長幼の序が区別されるし、父方と母方の親族名称は、「祖父母」「おじおば」から「いとこ」に至るまで全て別の語を使い分け、さらに直系の血族と、婚姻により親族になった元他人も別の語で表す。それに男女の別と長幼の序列がそれぞれ加わって厖大な語群を構成する。

つまり、親戚を呼ぶ際には基本的にひとりずつ個別の呼び方があるということになる。それを親が横に着いて、「（この人は）○○と呼びなさい」というふうに幼い我が子に教えていくのである。大家族制を基盤とする中国において、子供はこのような行為を通して自分の宗族のメンバー

を憶えていくのと同時に、その呼びかけが、そのまま挨拶表現として習得される。本章第3節で「相手の名前を呼ぶ」ということについて、それが中国人にとって最も基盤的な挨拶であると述べたが、そのことは幼少期から家庭において教育されているのである。

親族名称のうち、特に"叔叔／阿姨"や"爷爷／奶奶"などは他人（血縁関係にはない人）に対する呼びかけの挨拶としても用いられる。ここで注意が必要なのは、呼びかけに用いる語の選択において、日本人の感覚とは異なる採用基準が働くということである。

たとえば21歳の中国人男性（仮に宋くんとしよう）が、街で自分の恩師と出会ったとする。恩師は40歳くらいの人で5歳くらいの息子を連れている。まず宋くんは恩師に挨拶をする。それを受けた恩師は自分の息子に向かって"叫叔叔！"（叔父さんと呼びなさい！）と言い、宋くんに挨拶することを促すのである。

21歳と言えば、日本では自他ともに認める「お兄ちゃん」である。しかし、中国では"辈分 bèifen"（世代）という概念がある。もし5歳の息子が宋くんを"哥哥 gēge"（お兄ちゃん）と呼べば、同じ親から生まれた世代に擬えることから同一の"辈分"に属することになる。つまり、21歳の人を5歳の幼児と同列に扱うことになってしまい失礼になる。ゆえに実年齢より一世代持ち上げて、"叔叔"と呼ばせるのである。簡単に言えば、日本人の感覚で「お兄ちゃん／お姉ちゃん」に該当する世代（年齢）の人は、中

国では「叔父さん／叔母さん」と呼ばれ、中年の人は「お祖父さん／お祖母さん」と呼ばれることになる。実年齢よりもひとつ上の世代に属する親族名称で他人を呼ぶことが、中国式の敬意の表し方である。

なお、礼儀に関することばの教育や普及に関しては、中国でも日本と同様に行なわれている。殊に、1980年代初頭には、"礼貌语言 lǐmào yǔyán"（礼儀正しいことば）の普及運動が展開された。中国の学校では、始業時には生徒全員が"老师好！Lǎoshī hǎo!"（先生こんにちは）と言い、終業時には"老师再见！Lǎoshī zàijiàn!"（先生さようなら）と一斉に言う。この点は日本と同様である。それ以外に学校で生徒が揃って言う挨拶は無いようである。ちなみに、中国人は食事の始めと終わりに定型的な表現を言わないので、給食は銘々が黙々と食べ始めたそうである。

「オバサン」と呼ばないで！

上で説明した"辈分"に配慮した上で他人に対して親族名称で呼びかける中国式の挨拶は、従来中国語や中国文化の解説などで夙に説明されてきたことである。しかしながら、これに対する中国人の意識にも、やはり変化の兆候が見られる。

筆者のアンケートの結果によれば、20代から40代の回答者のうち、約４割の人が年少者から"叔叔／阿姨"と呼ばれることに多少の抵抗や不満を感じていることが分かった。幼児に言われるのは容認できるが、中高生から言われると

悲しいと答えた人が、そのうちの半数を占めていた。親族名称を用いた伝統的な挨拶に対して、現在ではこのように感じる人が増えつつあるのではないかと推測される。世代を持ち上げて自分の年齢より上の親族名称で呼ばれるよりも、実年齢に相応した呼称で呼んで欲しいということであり、さらに言えば、少しでも若い側に見なして欲しいという願望も含まれているのだろう。その感覚は現代の日本人と同じだと言って良い。

周知のごとく、現在の中国の経済面での発展は凄（すさ）まじい。経済的に潤ってくると生活水準が上がるが、それにつれて人々の価値観にもさまざまな変化が起こる。日本もそうだが、貧しくて食べるものにも困っていた時代もあれば、今日のようにお金を払ってでも体重を減らそうとする時代もある。生活の余裕は肉体や精神の美を求める方向にも働く。いきおい、若さが尊ばれる感覚が芽生え定着する。実年齢より上の世代に持ち上げて扱うことが相手への尊重を表すという中国の伝統的な価値観を、老いは醜悪であるという現代的な価値観が凌駕（りょうが）する時代になりつつあるのかもしれない。

ただ、"叔叔／阿姨"と呼ばれて内心喜んではいない人たちも、面と向かって「"哥哥／姐姐 jiějie"（お兄ちゃん／お姉ちゃん）と呼んでくれ！」とは言わないようである。尤（もっと）も、中年の人の中には、そういった心情を先に汲み取って、20代の人に対しては、自分の子供に"叫哥哥／叫姐姐！"と挨拶させる人も少数ながらいるそうである。

「お姉ちゃん」と呼ぶな！

　従来、「中国では、血縁関係にはない他人に対して呼びかける際にも親族名称の類を用いると、親しみが増し、互いの心理的な距離を近づけるという効用がある」と説明されることが多い。それに該当する実例をドラマ《手机》第6話の一場面から取り上げてみる。これはテレビ局の作業現場におけるやり取りである（発音表記は略す）。

　スタッフ：哎，那边儿那<u>兄弟</u>，过来把我这节轨道搬进去。
　　……
　若者A：哎，<u>大哥</u>，我看你不像是干这活的。
　若者B：我就是来体验生活。哎，<u>兄弟</u>，跟你说个事儿，别告诉别人啊。
　若者A：<u>哥</u>，你放心，我不会说的。
　スタッフ：おい、そっちのその<u>兄弟</u>、こっちに来て俺のこの台車を片づけてくれ。……
　若者A：ねぇ、<u>兄貴</u>、あんたはこういう仕事をするような人じゃないように思うんだけど。
　若者B：俺はただ生活を体験しに来ているだけなんだ。おい、<u>兄弟</u>、お前にひとつ言っとくけど、誰にも言うなよ。
　若者A：<u>兄貴</u>、安心して、言わないよ。

　スタッフと二人の若者は、全員が初対面である。会った瞬間に全員が兄弟を表すことばで相手のことを呼んでいる。

"大哥 dàgē"というのは「一番上の兄」という意味であるが、他人への呼びかけにも用いることができる。

　ただし、ここで注意が必要なのは、他人であっても長年の付き合いがあり、本当の親戚のような間柄である場合は別であるが、特に初対面の相手を親族名称で呼ぶ場合、その相手は庶民レベルに属している人、あるいは属していると思われる人に限られるということである。

　上で挙げた例は、地方から北京に出てきた若者同士が、肉体労働の仕事場で話をしながら互いに兄貴、兄弟と呼び合う状況である。別の例を挙げると、地図を頼りに初めて訪れた場所で、道を尋ねようとして路上のタバコ屋の中年女性店主に向かって"大妈 dàmā"（おばさん：父の兄の妻）と呼びかける。そのような場面においてこそ、見知らぬ人へ親族名称を用いて呼びかける効果が発揮される。いくら親しさを籠めてそれを表出しようと思ったとしても、相手が社会的地位の高い人や高級な職場に属している人の場合、または外見や雰囲気からそういった人に見える場合は、いきなり親族名称を用いて呼びかけることは厳に憚られる（これは日本語でも同様だろう）。

　親族名称を用いることによって伝わる親しさとは、他人と自分との間にある心理上の垣根を取っ払った結果生じるものである。それにより、無論相手との心理的な距離を近づけるわけだが、見方を変えれば「丁寧」な世界から「ぞんざい」な世界へ踏み込むことを表す。つまり、相手を立てるモードから、相手に甘えるモードへの移行を表す。ゆ

えに「親近感」というプラスの効果を生むことがあるのと同時に、相手次第では「馴れ馴れしい」というマイナスな効果を生むことにもなりかねない。正しく使えば有効な手段であるが、それはいつ、どこで、誰にでも同じ効果をもたらすわけではないのである。

近年、このことに関連する現象が、実際に中国で起こっているようである。目下20代の若者世代（中国でいわゆる"90后 jiǔ líng hòu"と呼ばれる、1990年以降に生まれた世代）が続々と社会人になってきたことと関連して、彼らの企業内における同僚の呼び方が波紋を呼んでいる。中高生や若者が先輩を呼ぶ時に、苗字や下の名前（もし名前が二文字であれば最後の一字）に"哥／姐"をつけて、たとえば周渝民 Zhōu Yúmín という人ならば"周哥""民哥"のように言うことがある［注：ただし、この呼び方は地方や個人によって差があり、中国で広く一般的に使われているものとは言えない］。中高生の時にそのような呼び方を使用してきた若者が、20代になり企業に就職し、自分よりも少し年長の同僚を呼ぶ時に、この"X哥／姐"を用いることがあるという。

そう呼ばれる側の先輩同僚のひとつの反応として、"80后 bā líng hòu"（1980年以降に生まれた世代）の女性社員で許 Xǔ という姓の人が、インタビューに答えてこう言っている「"许姐"はまだ受け入れられる。自分は少なくとも新人よりも少し歳上だから。しかし"许姐姐"なら無理ですね。年齢は上だけれど、心の中では『私はあなたと

そんなに懇意な間柄なの？』って結局はムカムカするでしょうね」(https://mp.weixin.qq.com/s/-aWARS0iDe0y4E0zUBuT6Q?)。

　この許という女性の感覚では、"許姐姐"には「姉」という親族名称の意味合いがより強く籠められ、馴れ馴れしいと感じるのであろう。これは、以前は職場で親族名称を用いて同僚を呼ぶようなことが決して無かったこととも大きく関係している。つまり、親族名称を用いて相手を呼ぶことのTPOに関して、以前の中国人と現在の若い世代で感覚にズレが生じていることから発生している問題なのである。さらに言えば、このことは、誤った場面（と相手が認識している状況）において他人への呼びかけに親族名称を使うと、かえって非常に悪い感情を相手に持たれてしまうということの実例でもある。

　ちなみに、会社の先輩を「兄さん／姉さん」と呼ぶ事例は日本国内の企業でもあるらしく、読売新聞のYOMIURI ONLINE発言小町（2017年7月18日）にはそれに関する投稿記事とレスポンスが掲載されている。社風としてそう呼ぶという会社もあるようで、また呼ばれた当人が嫌でなければ良いのではないかという意見もあるが、全体的には否定的な意見の方が多く、社内ならともかく、社外の人の前では許されないという考えが大半を占めていた。

　なお「呼称」については、次の第3章でさらに詳しく考察する。

6．挨拶語の意味とその起源

　以上、中国語と日本語の挨拶とそれに関連する現象や意識について見てきたが、中国語の挨拶語は、個人が日常生活で用いるものとしては、相手の名前や親族名称などを用いる呼びかけタイプと、「食事は済みましたか？」のような、眼前の相手の行動や状況に言及するタイプの二つのグループが挙げられる。前者は幼児期から家庭で教えられたものを継承しているとも考えられ、教育によって習得された挨拶語と言える。後者は親しい相手への情宜から自然発生的に生まれ定着した挨拶である。

　いずれにしても、中国人の日常生活での挨拶は、極めて実義的なものである。目の前の相手をそのまま呼ぶこと、眼前で相手が行なっている、あるいは行なおうとしている行為やその場における状況をそのまま言語化することは、ともに実際に存在する具体的な対象や状況を、そのまま「ことば」にして表すものである。

　一方、日本語の場合は、既に述べたように以前は行為言及タイプの挨拶語も多用しており、また今でも消滅しているわけではないが、現在ではやはり形式的な挨拶の使用頻度が非常に高いように思われる。特に都市部においては、そのことがさらに顕著であろう。日本の各地方にはそれぞれ独自の挨拶語があり、中には行為言及タイプのものも多く含まれていると思われるが、その使用は地域やコミュニ

ティへの密着度との間に深い関連があるだろう。日本語の定型的挨拶である「こんにちは」「さようなら」は、本来は「こんにちは、たいへん結構なお日和(ひより)でございますね」などのような完結した文の一部であったが、その後続部分が省略され、結果的にこれらの語が挨拶として記号化し、元の意味を失っている。

　やや余談になるが、近年、大学生がクラスやキャンパス内でよく使う挨拶に「お疲れ」というのがある。これは元々、社会人がその日の仕事を終えた時に労(ねぎら)いのことばとして使うものだが、それを学生が、昼日中から使っている。その日最初に会った瞬間に言うことも少なくない。朝一番にこういう挨拶をしているのを聞くと、「君たちは何をして疲れたと言うのか！」と思うかもしれないが、筆者が考えるに、これは結局ほかに言うべき適当な挨拶が無いブランクを埋めていることばではないだろうか。

　学生同士であっても個人的に親しい友人であれば、あらたまった挨拶は要らない。教職員や守衛さんとキャンパスで会えば「こんにちは」と言う。しかし、毎週授業で会う学生仲間では、いずれも中途半端なのではないだろうか。黙っているのは具合が悪く、「こんにちは」と言うほど心理的距離が遠くない。筆者が学生の頃は、そういった学生仲間が学校で顔を合わせると、「うぃ〜す」とか「おぅ」とか、意味を持たず、音だけ発するようなやり取りをしていたような記憶がある。大学院生になると、もう少し社会人化して「こんにちは」の使用もあり、顔見知りだがあま

り交流の無い人に対しては無言の会釈が多かったように思う。またそれらの挨拶は、大なり小なり今の学生でもしていることだろう。それらを除いて、もう少し何か言うべきだと感じた際に、近年編み出されたのが「お疲れ」ではないかと思う。そのコミュニティで誰が言ってもどこで言ってもいつ言っても当たり障りが無く、一言で済ませられる便利なことばを模索して、良いものが出てくれば一挙に普及するのである。

　であるから、もちろん学生たちが本当に朝一番や昼間からヘトヘトに疲れているわけではない。ただ、「お疲れ」の本来有する「労い」の気持ちが、相手を労(いた)わるというプラスの心情を醸し出すので、学生同士の定型的な挨拶語として非常に都合が良いのであろう。

　中国語で定型的な挨拶語と言えば、"你好！Nǐ hǎo!"と"再见！Zàijiàn!"が挙げられる。これは幼稚園や小学校で唱和するので教育型に属するが、いずれも外来の挨拶語である。大河内康憲氏は「中国のあいさつ語」の中で、"你好"はロシア語からの翻訳で、"再见"はフランス語Au revoirからの訳だといわれる、と述べている。

　また、北京生まれの作家である王蒙 Wáng Méng 氏は、孟华 Mèng Huá 北京大学教授との対談《关于汉字文化的对话》（漢字文化に関する対話：《书屋》2005年第6期所収）において、以下の二つの指摘をしている。

1）"你好！"はロシア語の"Здравствуй"（ズドゥラ

ーストゥヴィ）および"Здравствуйте"（ズドゥラーストゥヴィチェ）の翻訳語である。［小野注：いずれも「健康である、達者である」という意味の動詞の命令形から構成される。後者が複数形に対する命令形だが、それによって敬意を添える］
２）"早上好 zǎoshang hǎo"（おはよう）、"下午好 xiàwǔ hǎo"（こんにちは）、"晚上好 wǎnshang hǎo"（こんばんは）は100％英語を起源とする挨拶語である。

　この指摘からも明らかなように、現代中国語の形式的な挨拶語は概ね外国語の挨拶を起源とするものであり、中国語独自の挨拶語は上で述べたように、概念的な意味ではなく、全て実質的な意味を持つもので構成されていると言える。本章第１節の冒頭で引用したように、大河内氏が「中国のあいさつ語」で"你好！"の使用状況について「都市の知識人の間で使われるくらい」と分析しておられるのは、この挨拶語が中国にもとからある自前の表現ではなく、外国語の挨拶を基に作成した、言わばお仕着せの挨拶表現であるがゆえに、当時は地方や農村地域など全国津々浦々まではなかなか伝播、普及していなかった実態を意識されてのことかもしれない。本書の調査により、現在では"你好！"の使用状況にもさらに変化が生じている面のあることが判明したが、それはやはり都市部を中心に起こっている現象である。
　外来語と言えば、近年、"嗨 hài"（Hi）、"哈喽 hālóu"

(Hello)、"拜拜 báibái/báibai"（Bye-bye）などの挨拶語も存在するが、これらは主に若者や外資系企業に勤める人たちの間で使われているようである［注：一般に、WeChat "微信 wēixìn" などのメッセージアプリにおける通信では、漢字で書かず、英語のアルファベット表記の場合も多い］。これらは外来ではあるがお仕着せではなく、人々の間で自主的に発生し普及したものである。また現在の中国における企業形態や情報伝達手段の変化を反映した現象とも言える。もちろん全ての中国人が用いる挨拶語ではないので、いわゆる業界用語に似た性格を持っているとも考えられるだろう。

既に述べたように、都市と地方におけるコミュニティのあり方や人の付き合いは一様ではなく、その違いによって、挨拶語や表現にも違いが生じる。日本もそうだが中国でも、地方の方がより本来の挨拶表現や挨拶語が保持されていると考えて良いだろう。逆に言えば、大都市やインターネットの世界においては、人の交流が流動的かつ多様であることから、特に新規の「公」の挨拶表現が次々と生み出され、使用されている状況にある。

中国語の挨拶は、そもそも個別で具体的な親しい相手に向けて発することを基盤とし、中身をともなう実義的な表現を旨としてきたが、社会や経済体制の変化にともない、都市部やインターネットの社会を中心に、少しずつ形式的な挨拶とその用法を拡大しつつある。一方で、十分互いのことを分かり合っている個人的な人間関係においては、「私」の挨拶が依然として保持されており、従来のあり方

をそのまま継承している面が強く残っているように思われる。これは、第1章で考察した応答表現と同様に、中国語の実義性への志向に支えられた実態だと捉えることができるだろう。

第3章　中国語の伝達機能と受信感覚
　　　──「意味」による呪縛

本章では、日常生活で常用される各種の表現を取り上げて、中国人がどのような意識を働かせてことばを発信したり、受信したりしているかという観点から考察を行ないたい。一見何の変哲も無いように思える語や文であっても、中国人がそれを口にする時、また人から言われて受け止める時の意識を分析すると、日本人が想定するものと決して同じではない事例が少なからず存在する。それはやはり、第1章で考察した「応答表現」と同様に、単語や文そのものが表す意味からだけでは把握することが難しく、実際の運用の場面や使用の実態を詳察することでようやく見えてくる問題である。

　本章は3つのテーマから構成される。はじめに、第2章で取り上げた「挨拶」とも関連の深い、「人の呼び方（呼称）」について詳細に考察する。自分の身近な人をどう呼ぶかという行為において、中国人がどう考え、どのようなことに意識を向けているのか、最近の動向なども踏まえた上でその実態を分析する。

　次に、「フレーズや文自体が有する意味」の世界、すなわち意味論の領域に属する現象について、具体的な事例を挙げつつ分析を行なう。ここで見られる現象を通して、本章の表題に掲げているように、中国人が、如何に「ことばそのものが表す意味」に心を囚われているかということの一端が明らかになるだろう。

そして最後に、「ことばの外側にある意味」の世界、いわゆる語用論に属する考察を行なう。これは追って詳しく述べるように、文化や習慣、対人関係そして思想的な背景と密接に関連する分野であり、ことばのやり取りを通じて、対話者がどのような意識を巡らせているのかを考える上で、非常に重要かつ不可欠な領域である。
　以上の３つの観点における考察から導き出される実相は、中国人の対人意識と情報伝達の特徴を明確に物語るものである。

１．人の呼び方（呼称）について

若い李さんを"小李 Xiǎo-Lǐ"と呼べるか？
　中国語では、苗字の前に接頭辞の"小／老 xiǎo/lǎo"をつけて、たとえば"小李 Xiǎo-Lǐ"や"老王 Lǎo-Wáng"といったかたちで相手を呼び、また個人を指示することができる。そのうちの"小"は、若い人に対して親しみを籠めて用いられ、日本語の「〜くん／〜さん／〜ちゃん」という意味にほぼ該当すると説明される。これが、中国語学習者が誰でも学ぶはずの基本的な情報である（"老"については後述する）。
　もう25年も前になるが、筆者は当時の勤務校の語学プログラムに携わり、夏休みに学生約40名を引率し、中国のある大学に短期研修に行った。学生とともに２週間滞在した。

現地の大学の留学生担当事務所に魏小红 Wèi Xiǎohóng という女性職員がいて、毎日お世話になっていた。私と魏さんは結構馬が合い、初対面から数日後には、魏さんは早くも私のことを"小野 Xiǎoyě"と呼び捨てで呼ぶようになった。親しみを籠めて、儀礼的な呼び方を廃したわけである。魏さんは私より少し歳上に見えた。

当時、向こうの呼び方の変化に合わせて、私も魏さんのことをどう呼ぶかあれこれ考えてみた。新米教員の私は自分の知識と相手の状況に鑑みて、若い魏さんのことを、こちらも親しみを籠めて"小魏 Xiǎo-Wèi"と呼んだ方が良いのではないかとも考えた。しかし、何か言うに言われぬ感覚がそれを押しとどめ、結局、私は彼女のことを"魏老师 Wèi lǎoshī"（魏先生）と呼び、その呼び方は以後ずっと続いた。

さて今回、筆者はアンケート調査において、「あなたは、どういう人から"小＋苗字"という呼び名で呼ばれているか？」という問いを設けた。これに対する回答は意外なほど符合しており、およそ「職場の上司、年長の同僚または同業者、同じ宿舎に住む年長の人、遠い親戚の叔父叔母」などが挙げられていた。呼ぶ側の人が同世代あるいは若干歳上という事例は見当たらず、大多数の回答において、一世代か二世代ほど年長の人が挙げられていた。具体的に言えば、20代から30代の人を"小＋苗字"で呼んでいるのは40代から60代の人で、かつ何らかの立場上、当人の上位に位置する関係の人という事例が、ほぼ全体を占めていたの

である。

　この回答結果により、筆者は従来の自分の認識を修正する必要に迫られたのと同時に、25年前に、自分より少し歳上の魏さんのことを"小魏"と呼ばなくて良かったという安堵感(あんどかん)を、今更ながら覚えたのであった。苗字の前に"小"をつける呼び方は、「若い人に親しみを籠めて」用いることに相違は無いだろうが、それを使うには呼ぶ側にも資格が要るのである。要点を簡潔に言えば、相手の苗字に"小"をつけて呼ぶ行為は、「明確な上位関係」と「ある程度以上の年齢差」に立脚したものである。

　その原則に基づけば、仮に日本人の大学生が中国語を学び、すぐさま中国に行ったとして、彼らが"小＋苗字"で呼ぶことのできる中国人の成人は、どこにもいないことになる。相手が若く、自分がその人に親しみを感じているからといって、即座にその人の苗字に"小"をつけて呼ぶという行為は、決して手放しで推奨されるべきことではないだろう。

　また、今回アンケートに応えてくださった中国人の中には、40代の人も含まれているが、その年代の人にもやはり自分のことを"小＋苗字"で呼ぶ人がいた。「若い」というのは青少年のような絶対的な概念ではなく、呼ぶ側の人から見て自分よりも「若い」という相対的な年齢差のことである。いったん相手を"小＋苗字"で呼ぶ関係が成立すると、呼ぶ側と呼ばれる側双方の年齢が上がっていっても、実年齢に関係無く"小＋苗字"という呼称が継続して用い

られるというケースも珍しくはないだろう。

壮年の社会人同士はどう呼び合っているか

では、同世代に属する人たちは、お互いにどう呼び合っているのだろうか。ここで一例を挙げてみたい。日系企業の北京支社に勤めていた友人の協力を得て、同期の社員全10名の呼び名を調べた。33歳から41歳までの壮年世代の一団で、年齢はほぼ偏りなく散らばっている。10名の社員の呼び名は、次の6種に及ぶものであった。

①"老大 lǎodà"　②"老+苗字"　③"苗字+爷 yé"
④下の名前　⑤フルネーム　⑥"小+苗字"

10名に対して呼び方が6種類というのは、なかなか豊富である。①の"老大"は「第一子（長男・長女）」の意で、これは最年長の41歳の人だけに使う。グループを兄弟姉妹に見立て、最年長者を「長兄」と呼ぶのである。

②の"老+苗字"は、本来、懇意な間柄の年長者を敬意を籠めて呼ぶ場合に用いる。しかも一般的には中年以上の人に対して用いる呼び方である。ここで壮年世代が互いにこれを用いているのは、用いるべき年代ではない相手に使用することで少し不真面目さを醸し出し、その冗談のニュアンスによって相手との距離感を縮める意図が働いている。注意すべきことは、冗談であっても「（世代的に）持ち上げて」呼ぶことが重要で、同様の意図で「（世代的に）引

き下げて」呼ぶのは、中国では不適当である。日本では、双方の暗黙の了解があれば、目下の者が目上の人を「小野ちゃん」などと呼ぶこともあり得るが、中国では成立しにくいだろう。

　③の"苗字＋爷"は、元々は天津方言の呼び方だという説もあり、北京の人もよく使うようである。現在の天津ではその使用が減っているようであるが、昔、天津には"爷"という官名があり、そこから派生して相手が実際に本来の字義通りの"爷"（おじいさん）であるか否かにかかわらず、尊称として、また学問のある人という意味を籠めて、中年以上の男性を呼ぶ時に"苗字＋爷"が用いられていたそうである。その拡張的な用法が現在でも北京を中心とする地域に残っているのだと思われる。ゆえに南方ではこの呼び方は用いられていない。

　壮年の世代が"苗字＋爷"を用いるのは、"老＋苗字"と同様に親しみを籠めて相手との距離を近づけるためであるが、違いは"苗字＋爷"と呼ぶ相手には、他者よりも技術や能力が高く、尊敬すべき人物であるといった内面を評価する気持ちがより多く含まれるところにある。

　次に④の下の名前であるが、これは概ね呼ばれる当人が非常に真面目な性格の場合が多く、教養のある人物だという認識を含意することもある。真面目な人なので、上の②や③のような冗談めかした呼び方は避けられるのである。また逆に、同世代の知人を押し並べて下の名前で呼ぶ人は、少々堅苦しく、役人気質な人物だと周りから評されること

第3章　中国語の伝達機能と受信感覚

もある。そもそも、ある人を「下の名前で呼び捨て」にする最も典型的な人は親である。よって同世代の人が相手を手当たり次第に下の名前で呼ぶと、当人の性格にもよるが、いわゆる「上から目線」の人物という印象を与えかねない。

⑤のフルネーム（呼び捨て）は、日本人社会ではこれを用いて相手に直接呼びかけたり、また会話の中でその人のことに言及したりするといった用法は稀であるが、中国ではむしろ自然なことである。中国人は自分の子供に対してもフルネームで呼ぶことが珍しくはない。

⑥の"小＋苗字"は、前述の通り、本来は同世代では使わないものの、呼ばれる人がグループ内で最年少である場合や、見た目や雰囲気が可愛らしい、子供っぽい、あるいは非常に控えめで礼儀正しいといった場合に、この呼び方が用いられることもある。

個性と音のコラボレーション

以上、それぞれの呼び方について簡単に説明したが、無論上記の例は北京のあるグループにおけるひとつの実態であり、地方や企業、団体の違いによって、そのあり方はさまざまであろう。ただ、上記の事例から、同世代の間でも種々の呼び方が使い分けられていることは明らかである。単に長幼の序列だけでなく、当人の性格や外見、教養水準などの個性が呼び方を決定する要因になっていることが看取できる。それは、年長者だから"老"をつけ、若いから"小"をつけるといった単純なことではなく、それぞれの

人のイメージに見合った呼び方がグループ内で定まり、定着し、それが渾名のごとく機能しているということである。また、同じ人物に対しても、相手との関係や付き合いの深さ、出会った時の年齢などにより、人によって呼び方が変わるということも多い。

　もうひとつの要因は、上の説明では触れなかったが、音の組み合わせの問題である。たとえば、呉方言のひとつである上海語には、一文字の語を二音節化する機能を有する"阿"という接頭辞がある。上海語ではお父さんを"阿爸"［ʌ2pəʔ5］といい、弟を"阿弟"［ʌ2di5］という［注：発音記号はIPA（国際音声字母）と、数字を用いた音の高低表示の併用による。5が一番高音］。

　この場合、"阿"自体には意味は無く、漢字一文字では口語表現における単語として使えない語の前につけて、二文字の単語を作る機能を有するものである。中国人の苗字は、"诸葛 Zhūgě"（例：諸葛亮）や"欧阳 Ōuyáng"（例：欧陽脩）のようなごく少数の二字姓を除き、ほぼ一文字であるが、一字姓は、特に口頭では単独で用いることができない。李さんを呼ぶのに"李 Lǐ"とは呼べないのである。これは、呼び捨ては失礼だという礼儀の問題ではなく、中国人の苗字は一族を類として表すものであり、個人について言及する名詞ではないことに起因する。そこが完全な個人名であるフルネームや下の名前との違いである。

　ゆえに上海の人が苗字で人を呼ぶ場合、前に"阿"をつけることがあるのだが、上海出身の研究者によれば、どん

な苗字にでもつけられるわけではなく、たとえば"阿王"はごく自然であるが、"阿李"はやや微妙、"阿钱"や"阿周"などはかなり不自然だという。これは、音の組み合わせや使用頻度など、多分に感覚の問題だと思われるが、共通語やほかの方言でも類似の現象はあるかもしれない。

考えてみれば、日本人の苗字に基づいた愛称にも、音の組み合わせの頻度というものがある。ちなみに、筆者は多くの友人から「小野ちゃん」と呼ばれている。高校時代に「岸本」姓の友人がおり、皆から「きっしゃん」と呼ばれていた。岸本君と筆者は父親同士も友人関係にあったが、ある時、父親同士がやはり「きっしゃん、小野ちゃん」と呼び合っていることを知り、世代を超えた呼び方の一致を体験して可笑しかった記憶がある。「〜ちゃん」「〜やん」「〜ちん」「〜っち」などの呼び方が苗字（またはその一部）と結合する場合、音の相性や組み合わせの使用頻度も大いにその決定に関与しているのだろう。これは感覚や経験値の問題である。また、それと同時に、上で述べたように当人のキャラクターが加味されて、それぞれの人の呼び名や愛称が決められていくのであろう。

持ち上げて呼んでおけば無難という思考

近年、中国では"老师 lǎoshī"（先生）という呼び方をよく耳にする。学校の教師だけではなく、コンサルタントや税理士など専門知識を教える人、茶道や書道などの専門家や、作家、出版社の編集者、著名な俳優など芸術文化に携

人のイメージに見合った呼び方がグループ内で定まり、定着し、それが渾名(あだな)のごとく機能しているということである。また、同じ人物に対しても、相手との関係や付き合いの深さ、出会った時の年齢などにより、人によって呼び方が変わるということも多い。

　もうひとつの要因は、上の説明では触れなかったが、音の組み合わせの問題である。たとえば、呉方言のひとつである上海(シャンハイ)語には、一文字の語を二音節化する機能を有する"阿"という接頭辞がある。上海語ではお父さんを"阿爸"［ʌ2pəʔ5］といい、弟を"阿弟"［ʌ2di5］という〔注：発音記号はIPA（国際音声字母）と、数字を用いた音の高低表示の併用による。5が一番高音〕。

　この場合、"阿"自体には意味は無く、漢字一文字では口語表現における単語として使えない語の前につけて、二文字の単語を作る機能を有するものである。中国人の苗字は、"诸葛 Zhūgě"（例：諸葛亮）や"欧阳 Ōuyáng"（例：欧陽脩）のようなごく少数の二字姓を除き、ほぼ一文字であるが、一字姓は、特に口頭では単独で用いることができない。李さんを呼ぶのに"李 Lǐ"とは呼べないのである。これは、呼び捨ては失礼だという礼儀の問題ではなく、中国人の苗字は一族を類として表すものであり、個人について言及する名詞ではないことに起因する。そこが完全な個人名であるフルネームや下の名前との違いである。

　ゆえに上海の人が苗字で人を呼ぶ場合、前に"阿"をつけることがあるのだが、上海出身の研究者によれば、どん

な苗字にでもつけられるわけではなく、たとえば"阿王"はごく自然であるが、"阿李"はやや微妙、"阿銭"や"阿周"などはかなり不自然だという。これは、音の組み合わせや使用頻度など、多分に感覚の問題だと思われるが、共通語やほかの方言でも類似の現象はあるかもしれない。

考えてみれば、日本人の苗字に基づいた愛称にも、音の組み合わせの頻度というものがある。ちなみに、筆者は多くの友人から「小野ちゃん」と呼ばれている。高校時代に「岸本」姓の友人がおり、皆から「きっしゃん」と呼ばれていた。岸本君と筆者は父親同士も友人関係にあったが、ある時、父親同士がやはり「きっしゃん、小野ちゃん」と呼び合っていることを知り、世代を超えた呼び方の一致を体験して可笑しかった記憶がある。「〜ちゃん」「〜やん」「〜ちん」「〜っち」などの呼び方が苗字（またはその一部）と結合する場合、音の相性や組み合わせの使用頻度も大いにその決定に関与しているのだろう。これは感覚や経験値の問題である。また、それと同時に、上で述べたように当人のキャラクターが加味されて、それぞれの人の呼び名や愛称が決められていくのであろう。

持ち上げて呼んでおけば無難という思考

近年、中国では"老师 lǎoshī"（先生）という呼び方をよく耳にする。学校の教師だけではなく、コンサルタントや税理士など専門知識を教える人、茶道や書道などの専門家や、作家、出版社の編集者、著名な俳優など芸術文化に携

わる人にも用いる。ただ、専門知識の教授者を全て"老师"と呼ぶわけではなく、自動車教習所の指導員は"教练jiàoliàn"と呼び、弁護士は"律师 lǜshī"と呼ぶなど、職業によっては個別の呼び方を用いる。

日本で「先生」と呼ばれる職業は、教員以外では弁護士、医師、議員などがすぐに思いつく。その分野の専門性ということに加え、その人物に世話になっているという意識が働くからであろう。自分の恩師や師匠、病気を治してくれた医師、無罪を勝ち取ってくれた弁護士など、心からその人を「先生」と呼ぶ場合もある一方で、逆に心の中では決して尊敬していないが、ただ形式的にそう呼ぶ人もいる。「先生と呼ばれるほどの馬鹿でなし」という川柳もあるように、とりあえず持ち上げて呼んでおくという考え方は、日本にもあるし、中国にもある。

中国の新聞記事（《东南早报》2017年8月8日）に次のような話が掲載されている。"95后 jiǔ wǔ hòu"（1995年以降に生まれた人）の蔡さんという人が薬局に就職した。店長も店員も全て自分の親と同年配である。彼らをどう呼ぶべきか。蔡さんは考え、もうひとりの新入店員とも相談した。店長と古株の店員は"叔叔／阿姨"（おじ／おば）と呼ぶべき年齢だが、職場なのでそう呼ぶのは明らかに変だ。だからといって"〜哥／姐"と呼ぶほど年齢が自分に近くもない。店長本人は名前で呼べば良いと言ったが、そうする勇気も無い。蔡さんたちが最後に出した結論は、"老师"と呼ぶことであった。理由は"最不会出错 zuì búhuì chū cuò"（最も無難である）ということである。

また別の新聞（《扬子晚报》2017年8月4日）では、国営企業に就職が決まった"90后"の青年が、初出勤を目前にして、年齢の近い先輩の同僚をどう呼ぶべきかについて父親に相談したという話を掲載している。父親の出した結論は、「職掌や身分にかかわらず、誰でも"主任 zhǔrèn"と呼べ」というものであった。青年は着任後すぐその通り実行した。すると、部署内で「口が立つ」と褒められ、同年代で主任でも何でもない平社員の同僚たちが、"主任"と呼ばれて喜色満面の様子であったという。その反応に対して、当の青年自身は"真是不可思议 zhēnshi bùkěsīyì"（本当に不思議だ）と述べている。

上で挙げたいずれの事例においても、「持ち上げて呼ぶ」ということが問題を解決する方針となっている。

社会体制の複雑化と中国語の個別的実義性の葛藤

同僚のように、仕事の上で付き合いのある相手をどう呼べば良いのかという問題は、当初、筆者が中国人ではないがゆえに理解が不足しているのだと思っていた。しかし、調査を進めるうちに、実は中国人も、特に近年の若い世代の人たちは、社会に出た時に周囲の人をどう呼ぶべきかということについて悩んでいることが分かってきた。

それは急速に変化し続ける中国の社会形態とも密接な関係がある。周知のように、昔の中国では"同志 tóngzhì"という呼び方ひとつで国家主席を含め、全国民を呼ぶこと

ができた。行政機関と国営企業しか無かった時代は、"同志"と"師傅 shīfu"（師匠／親方）という呼び方が万能であり、また年功序列がはっきりしていて、組織内の先輩は何某かのポストに就いている場合も多かったので、相手に対する呼び方は明確だったのである。1970年代以前に生まれた中国人は、同僚をどう呼ぶべきかという問題など考えたことも無かったであろう。

しかし、外資系企業は無論のこと、数多のベンチャー企業が存在する現在の中国では、青年社長もいれば、同年代でもキャリアや資格などに違いのある同僚が存在し、社内でのポジションが相当複雑になっている。それに適応する呼び方を日々模索しているというのが現状である。

現在、外資系企業では"David 哥"や"Lucy 姐"のように"英語の名前＋哥／姐"で中国人社員が互いに呼び合う状況も起こっており、ＩＴ企業やファッション業界、デザイン関連の企業などではよく見られる現象だという（ちなみに、中国では、中学や高校の英語の授業時に全員が自分の英名を決める）。これは90年代に始まり、当初は英名だけで呼び合っていたようだが、そのあとに"哥／姐"を加えるようになったのは、現在の若者の感覚によって、英中融合型の呼び方が生み出されたということだろう。

このように現在の中国社会において、少し歳上の同僚の呼び方が悩ましい問題になっている要因として、日本語の「〜さん」のような、万能で無色の敬称が無いことが挙げられる。従来、中国では職名で同僚を呼ぶのが常套手段

である。たとえば"工程师 gōngchéngshī"（エンジニア）の類の人は"苗字＋工"、"会计 kuàijì"（会計係）は"苗字＋会计"といったように、それぞれ具体的な職名で呼び分けてきたのである。役職者の場合、たとえば"科长 kēzhǎng"（課長）、"处长 chùzhǎng"（所長）、"局长 júzhǎng"（局長）はそれぞれ"苗字＋科""苗字＋处""苗字＋局"と呼ばれる。

第1章で中国語には万能の"yes"に該当する語は無く、実際の個々の場面と意味に即し、具体的なレベルに止めていくつかの語を使い分けていると述べたが、人の呼び方という点においても、中国語はやはり具体的、個別的な実義性を顕著に有している。具体的な職名や役職で呼ぶしか手段が無かったし、それで十分だったのである。ところが経済体制の変革により、業種や企業形態が複雑化してきたことにともない、多くの職場で特に職名が無く、しかも先輩なので何らかの敬意を表さねばならない同僚という存在が増えてきた。従来の方法では対応不可能な現状に直面し、現代の中国社会における"菜鸟 càiniǎo"（ルーキー）たちは、水面下で苦慮している。この状況は、今後もしばらくは続いていくだろう。

「李さん」と呼ばないでください

ちょうど本書を執筆していた2017年の7月から8月にかけて、筆者は3人の歳下の中国人（男性）から奇しくも同じことを言われた。「（日本語で呼ぶ時に）『さん』づけ

で呼ぶのをやめて欲しい」という要望である。この3人はいずれも元学生（大学院生）で、既に卒業して現在はそれぞれ教職に就いている。

　彼らが学生の時、筆者は彼らを「くん」づけで呼ぶか、渾名で呼んでいた。しかし、卒業して社会人となり、しかも同業者になったのであるから、年齢の差はあるにせよ、現在は対等の立場である。ゆえにいつまでも「くん」づけなどではよろしくない、というのが筆者の感覚である。もちろん二人きりとかプライベートな場ではあまり堅苦しすぎても良くないが、少なくともほかの人もいる公的な場では、「さん」づけで呼ぶ方がむしろ自然だと認識している。今回、本書の執筆に際して、彼らにもいろいろと協力していただいたが、筆者がさまざまな質問をメールで送った際に、宛名に「～さん」や「～さま」と書いたことがコトの発端であった。

　すぐさま「以前の通り、『くん』で呼んでください」という嘆願が届いた。ひとりは食事をともにした時に口頭で伝えてきた。こちらはこういう考えから今は「さん」で呼んでいるのだからと、上で述べた趣旨を説明したが、それでも、「『さん』で呼ばれると居心地が悪いから、どうしても『くん』に戻して欲しい」と言う。

　3人の中のひとりは、本書の序章で既に登場した"谢谢"と言わない友人である。この人もメールの返事で「先生の"太客气 tài kèqi"な（丁寧すぎる）表現に困っています。『～さま』という（宛名の）表現には、ものすごく

距離感を感じます」と真面目に抗議の意を伝えてきた。

　3人から一時に同じことを言われたので、さすがにこちらが持論を撤回せねばならないことになったが、あらためて、相手の呼び方に対する中国人の意識のあり方を痛感した。社会的な身分の変化や、それに連動するお互いの関係の推移といった世間体を基準とした考え方は、中国人の彼らにとってはおよそ考慮に値するものではなく、あくまでも相手と自分との個人的な関係が拠り所となっているわけである。

　喩えて言うなら、親と子は、いつまで経っても親と子だという感覚であろうか。呼び方によって周囲の人がどう思うかという配慮や、身分の昇格や相手の成長などを気遣った上での呼び方の変更は、日本人にとっては時に応じて必要なことではないかと思われるが、彼らにとっては儀礼的で、温かみの無い行為に映ったのであろう。あるいは歳上の人から、ある日を境に「〜さん」という敬称で呼ばれることに対して、得も言われぬ違和感を覚えたとも考えられる。そもそも、年長者の方が歳下の相手に敬称を用いるということ自体が、中国人の感覚からすれば不自然であるのかもしれない。

　抗議を受け入れ、元通りの愛称で呼ぶことにした河北省の友人は、次のような寓話めいた話を教えてくれた。嘗て文化大革命の時代に、ある人が党委員会から通知を受け取ったが、宛名に"同志"の表記が無く、ただ名前だけが書いてあった。当人は反革命分子と見なされたと思い込み、

恐怖の余り自殺してしまった。あとで調べると、通知の差出人が単に"同志"を書き忘れただけであった、と。「だから、呼び方は大事ですよ」と友人は付け加えた。

　まさか「さん」づけで呼ばれたからといって命を絶つようなことは無いだろうが、相手が自分をどう呼ぶかということに対して、中国人は、外国語である日本語での呼び方についても中国式の意識で受け止め、細やかな神経を使っているということを実感した一幕であった。

2．「意味（論）」に惹き寄せられる中国人

　ここからはテーマを変えて、日常よく用いられる表現のやり取りにおいて、中国人の反応や解釈が、日本人とは少し異なっているという事例を挙げつつ、その意識や考えについて見ていくことにする。

　ことばには当然ながら意味がある。「語」にはそれが有する意味があり、また、いくつかの語が繋ぎ合わされた「文」の場合、それを構成するそれぞれの語の意味の総和が文の表す意味となる。以下観察する事例は、その総和としての意味に対応する度合いに関わる問題である。

「お疲れ様でした」と言われて

　昔聞いた話なので、現在ではそういうことは無いかもしれないが、嘗て、日本語を話せる中国人の団体が観光バス

で北海道旅行をした。目的の観光地に着くと、バスガイドが乗降口のところで客が降りてくるのを待ち、ひとりひとりに「お疲れ様でした」と声をかける。その時、降りてくる乗客全員が、それぞれガイドさんに向かって「いえ、疲れていません」「私はまだ大丈夫です」などと返事をしたそうである。

　日本人でいちいちガイドさんに自分の疲労の程度や体調を返答する人はいないだろう。ただ、無論これは単なる笑い話ではない。重要な点は、中国人旅行客は、バスガイドの「お疲れ様でした」という定型的表現を受けて、それが長時間バスに乗った自分自身に向けて言われた、実義をともなう発話であると理解したことである。ガイドは自分という特定の個人に向かって、「（長時間の乗車で）あなたは疲れましたね」と実質的なことばを投げかけてきたと理解したゆえに、銘々が「まだ疲れていません」などと自分の具体的な状況を返答したのである。これは、遠路はるばる列車に乗って自分の故郷に帰った時、駅に出迎えに来た親から「長旅でさぞ疲れただろう」と言われ、それに対して「いや、大丈夫だよ」と答えることと等しい行為である。

　講演会や公開のトーク番組などで、講師やゲストが司会者に呼ばれて登壇する。聴衆は拍手を送る。日本人であれば、ちょっと会釈して、人によっては拍手が鳴り止んだ時にお礼を言うこともあるだろう。アメリカ人ならニッコリ笑って軽く手を上げたりするだろう。また人によっては"Thank you!"と言うこともあるだろう。中国人は、そう

いう場面では聴衆に向かって自分も拍手をやり返すことが多い。国家元首や政府首脳といった人が、式典の際などに参列者の拍手や歓声に応え、自分も拍手を返すというのも、中国ではよく見る光景である。

　こういう現象を含め、中国人は相手からの働きかけを受け流すのではなく、応酬を五分五分にしたり、具体的に同様のかたちで返そうとしたりする傾向が少なからず見受けられる。第1章で述べたが、諾否疑問文に対して、質問で使われた動詞や形容詞を、そのまま鸚鵡返しのように返答に用いることも、そういったことと関連があるように思われる（これについては第5章でも触れる）。

現実世界のデキゴトに密着した意味解釈
　筆者は学生時代から、よく中国人留学生の先輩に質問した。自分が作成した中国語の文の正誤や、文法的な面における文の許容度、ある状況における最も相応しい中国語としての表現など、質問は多岐にわたった。

　ある時、「私は毎日犬にフランス語を教える」という文を中国語で書いて見せ、問題無いかどうかを尋ねた。質問の意図は、「犬」が飼い犬の場合は指示詞や所有者をつける必要があるのか、あるいは「1匹」などの数量表現をつけるべきなのか、さらに、用いた文型が妥当なものかどうかということを確認しようと思っていたのである。すると、留学生のひとりが「その文はダメです」と言下に否定した。どこに問題があるのか重ねて問うと、その留学生は真剣な

表情で「だって、犬はフランス語を話せるわけがないから、教えても無意味だよ」と答えたのであった。

また同じく学生時代のある日、筆者を含む何人かの学生で中国語の比較構文の話をしていた。ひとりの日本人学生が、"日本的国土比中国大 Rìběn de guótǔ bǐ Zhōngguó dà"（日本の国土は中国より広い）という例文を挙げた。途端に同席している中国人学生が「その文は間違えている！」と言った。文法的な誤りについての指摘なのかと思いきや、その人が誤りだと断言した理由は「そのような事態は何百年経っても起こり得ない！」ということだった。例を挙げた学生は、事実とは逆の意味の文を挙げておいて、そこから否定文の話をしようとしたのであった。そのように説明したが、あまり得心してもらえず、結局あらためて別の例文を挙げ直した。

以上の話は、どちらも筆者が学生時代のことであり、現在ではそういう反応を示す中国人はかなり減っているとも思われる。ただ、「架空の話として」とか、「文法のことだけを考えるので、文が伝達する情報の内容は度外視して」とかいう前置きをしても、中国人はともすれば文の表す「意味」に惹き寄せられ、その表現を現実に存在する事態であるかのように受け止めることが少なくない。中国語作文の練習問題を作成中に、ありきたりな問題ばかりでは面白くないので、「彼は熊のぬいぐるみを500個持っている」などという作文（中国語訳）問題を作ると、共同作成者の中国人から「そんなに沢山の人形を、どこに収納しておく

のか？」という反応が出たりする。

　昔、筆者は恩師の兄弟弟子に当たる大先輩の先生（日本人）からある大きな仕事を依頼された。その依頼メールの末尾に「断ったら殺す」という文言があったが、中国人なら冗談にもそういう表現は用いないだろう。もちろん個人差もあるが、中国人の「意味」の解釈は、少なくとも日本人の感覚と比べて、現実に存在するデキゴトに連結している度合いが強いように思われる。ここで言う「意味」とは、先に述べたように、文の構成要素に還元できる意味とその総和である。「意味論」的解釈と言い換えても良い。さらに、そのことは以下に述べるように、中国人が日本語でコミュニケーションを取っている場合にもしばしば見られる現象である。

「いつもお世話になっております」
　何年か前から、大学の事務室からメールが届くと、冒頭に「いつもお世話になっております」という一文が書いてあることが多くなった。既に半ば定型的な挨拶になっているような表現だが、日本の大学で教鞭をとる中国人教員から、この一文を見ると対応に困るという話を聞いた。メールならばまだ良いのだが、事務室から電話がかかってきて開口一番にそう言われると、一瞬どう反応すれば良いか迷うというのである。その人の頭の中では「日頃お世話になっているのは、むしろこちらの方である」とか、「私は日頃そちらに何か特別なお世話をした覚えは無い」といっ

た思いが巡っており、先方の発言と事実とが整合しないので少々複雑な気持ちになるのだという。

　また、別の中国人の友人によると、その人が困るのは、日本人の友人や知人と話している時に、自己嫌悪や自己否定に属する述懐をされた場合だという。「俺ってさぁ、本当にダメな人間なんだよね」などと言われると、どうやって対応したら良いか分からないというのである。

　問題の半分は、こうした類の発言は、うわべだけを飾った空疎なことばではなく、話し手の意図や心情が含まれていることにある。「いつもお世話になっています」という一言は、教職員が言う場合は、日頃同じ学校で、協力し合って仕事をしている仲間であるという気持ちが含まれているだろうし、あるいは、メールでいきなり用件を書くのは不躾（ぶしつけ）であるという配慮なのかもしれない。企業の社員が懇意ではない相手に言う場合は、いつどこで自分の会社が世話になっているかもしれぬという意識が働いているのだろう。要するに気遣いから発せられるフレーズである。

　よって、この一言を相手から言われた場合、たとえ事実であったとしても、「いえいえ、私は別に特段の世話はしておりませんよ」などと返すのは、相手の心情を拒絶しているようで何とも具合が悪い。言われた方も応対に窮するだろう。事実を正直に語れば良いというわけではないのである。

　自己嫌悪や自己否定の述懐はもう少し複雑であるが、これも当人は、自分が如何にダメな人間なのかということを

純粋にアピールしているのではない。自己否定の発言をすることによって、むしろ、自分の欠点をちゃんと認めている別の自分の存在を暗に主張しているのである。つまり、自分の悪いところを自覚し、マイナスの評価を下している自我がちゃんと存在している、だから自分はまだ真っ当なのだという一種の捻れた自己保全の告白である（岸田秀『ものぐさ精神分析』中公文庫、1996年）。

　それゆえ、自己否定の発言に対して聞き手がムキになって反対するのも良し悪しであり、況してや「はい、あなたは本当にダメな人です」などと真っ向から肯定するのは最悪である。結果として、やんわり否定しながら相手の言うことを大人しく聞いておくのが一番穏当な対応になるのであるが、その辺りの塩梅が摑みきれず、中国人の中には、日本人のそういった発言に対して対応に苦慮している人がいるのである。

　問題のもう半分は、この種の発言は一方で、ある意味形式的であり、体裁を繕ったような、建て前の意味合いを含み持つという側面を有することにある。類似の表現として、初めて行ったお店でも、店員は「毎度ありがとうございます」と言うし、側から見れば立派な息子であるにもかかわらず、親が人前で「こいつはまだまだダメだ」と言ったりすることなどが挙げられる。

　日本で暮らしている中国人には、日本語が堪能な人も多く、彼らはそういった用例用法があるのをよく理解している。ただ、分かるけれども結局は対応に迷ってしまう。彼

らにとって、こういった類の発言への対応は、虚と実のバランスの解釈が難しいのである。そして、既に述べたように、多くの中国人は、この種の発言を聞いた時に、適度に受け流すということがあまり得意ではない。

抽象性と依存性（甘え）には縁遠い中国語

受け流すことが得意ではないのは、そもそも中国人はそういった種類の発言をすることが無いからである。つまり、「いつもお世話になっております」に代表される、不特定の相手に対して随時言うことができる、抽象的かつ形式的な物言いは、中国語の世界においては出現する機会が極めて乏しいのである。

類似したことであるが、日本人は世話になった知人と数日ぶりに再会した折に、「先日はご馳走様でした」とか、「この前は、どうもありがとうございました」など、過日の饗応や厚意に対する謝辞を冒頭に述べることが多い。これは、第2章で言及した土居健郎氏の謝罪に関する分析（日本人の「すみません」の多用に関する解釈）と関連の深い現象である。すなわち、過日の行為に対する再度の謝辞は、相手に対して失礼があってはいけないという意識から出る発言だと考えられるわけだが、「いつもお世話になっております」にも、それと似た意識が働いていると見ることができる。

そして、これも第2章で既に述べたように、中国人は親しい間柄の人に対して、何か失礼があってはいけないとい

う漠然とした恐れに近い意識を持たない。況してや、よく知らない人に対しては、尚更そうは感じない。よって中国人同士では「いつもお世話になっております」のような発言をする機会や動機が無いし、そういった中国人の感覚だけに基づけば、日本人の常用するこのような発言に対して戸惑いを覚えることもある。日本人の知人から「先日はありがとうございました」と言われ、『この人は、今日はほかに話すべき新たな話題が無いのだろうか……』などと思う中国人も実際にいるのである。

　こういった現象に対して、中国人の謝辞は重く、日本人の謝辞は軽いとか、中国人は一度礼を言えばそれで済むが、日本人は何度もお礼を述べる方が、より礼儀正しさが伝わるのだという説明をしている書物があるが、この現象は、謝辞の軽重というような、ことばの持つ「重み」の違いによるものではなく、日本人と中国人における、対人関係の意識の相違に根ざした感覚の現れなのである。

　自己否定の発言も同様である。「俺はダメな人間だ」という発言は、詰まるところ暗に相手の慰めや穏やかな反論を期待しつつ、親しい相手に感情を吐露したり嘆いたりする行為であり、これもまさしく土居健郎氏が「甘え」と名付けた心理状態の発露にほかならないが、中国人の言動にはこの種の精神的メカニズムはあまり見られない。もちろん中国人も自己否定や自己批判はするが、それは概ね自己の具体的な欠点や不得手なことに関する判断であり、主観的な自己採点と言った方が妥当であろう。

たとえば、ドラマなどで"我真没用，给不了你想要的生活 Wǒ zhēn méiyòng, gěibuliǎo nǐ xiǎngyào de shēnghuó"（私は本当に役立たずで、あなたの望むような生活を与えることができない）といった類の台詞があるが、これは求婚を断ったり、離婚を切り出したりする場面での発言である。"没用"というのは「役に立たない」という意味だが、これは相手の具体的な要求や願望に照らし合わせて、それを叶(かな)えることはできないと判断しているのであり、自己の一部分に対する評価である。謙遜したり卑下しているのではない。況してや「俺はダメな人間だ」のような概括的もしくは総括的な否定ではない。この台詞には相手に対する「甘え」は読み取れず、また形式的な（うわべだけの）発言でもない。むしろ毅然とした自己評価の表明である。それは相手に凭(もた)れかかって発せられる愚痴や嘆きといったようなものではなく、自己完結したひとつの宣言であり、報告である。
　また中国人は、"我老啦 Wǒ lǎo la"（年老いたなぁ）や"我身体太差了 Wǒ shēntǐ tài chà le"（身体(からだ)が衰えてしまった）などと言うこともあるが、これはたとえば重い荷物を持って階段を上がり、息が切れた場面などでも言ったりするもので、やはり「俺はダメな人間だ」のように概括的な発言の上に悲愴感(ひそうかん)や嘆きがともなったものとは限らない。「老いた、衰えた」というのは具体的な現象や行為に基づく身体や体調に関する評価であり、発話の意味が実質的に理解できるものである。顔に皺(しわ)が増えたとか体力が落ちた

という、誰もが体験する具体的な状態に関して述べられるものであり、本当に老いさらばえてしまった人や重病人が言ったのでなければ、言われた側も"没有，没有 Méiyou, méiyou"（そんなことないよ）と軽く応対できる。これらは「俺はダメな人間だ」などとは、かなり異なる種類の発言である。

　以上見てきたように、中国人は本来、個別の相手に対して、具体的かつ実義的な発言をすることに意識の基盤を置いており、それゆえ、形式的かつ抽象的で、時間を超越した、不特定の相手に向かって発するような物言いには馴染みが無い。また相手に自分を委ねつつ嘆き、それによって相手から自分にプラスになるような反応を引き出そうとする依存的な言語表現も用いない。これらはいずれも日本語に顕著に見られる言語行動である。

　日本語のさまざまな表現を知識としては得ていながら、日常日本人の発するこういった類の発言に対して困惑したり、違和感を覚えたりするのは、結局のところ、中国人の感覚として、相手の発言の「意味」に惹き寄せられている部分が少なくないからである。真面目に対応しようとすれば、どうしても相手の発言の具体的内容にまで意識が及び、その真偽や妥当性までを現実のレベルで考慮し、反応してしまうのである。

断ったつもりが大いに励まされ
　上で述べたこととの関連で、筆者の苦心談を述べる。あ

る夏の日、中国人の年配の先生からメールが届いた。筆者は嘗て、その先生が日本で主宰していた学術雑誌に論文を発表したことがあるが、今度中国で新規に発刊する論文集にそれを再録したいという話で、元の論文は日本語で書いたものだったので、原稿をあらためて中国語に翻訳して送ってくれという依頼であった。

　この依頼は非常に承引しにくいものであった。当該の論文は2001年に発表したかなり古いものである。さらに、2年後の2003年に、筆者の恩師が同じテーマに関して論文を発表し、新たな説を提唱されたのだが、その論述の過程で筆者の説も引用され、その問題点が指摘された。恩師の論文は先に日本で発表され、のちに中国で最も権威のある雑誌にも発表された。つまり、議論の詳細な内容は、既に中国の学会にも伝わっているのである。老先生はそういった事情をご存知無かったようである。

　筆者は対応に苦慮したが、やはり研究の進んだ今になって自分の古い原稿を翻訳する気にはなれず、悩んだ結果、お断りの返事を書くことにした。まず上で述べた経緯を丁寧に説明し、事情がそうであるから今になって古い原稿を翻訳し、掲載していただくのはたいへん心苦しい旨を述べた。また、ほかの仕事があって実際翻訳する時間が取れないことも申し添えた。さらに、相手が大先輩であるので、単に依頼をお断りするのは些か申し訳なく思い、次年度以降の別の機会に、ほかの論文で良ければ、また翻訳投稿を検討させていただきたいと付言した。中国語で書く返信な

ので、文面に意図せぬところで失礼があってはいけないと思い（そう思うのは筆者も日本人だからであろう）、中国人の友人に事情を説明し、文面を校閲してもらって送信した。

折り返し返事が届いた。曰く、雑誌提携の関係もあり、ほかの論文は不要である。時間が無いと言うが、最速でいつ頃なら原稿を出せるか提案せよ。多少は相談に応じよう。さらに曰く、貴兄の論文が恩師から批判されたのなら、尚のこと良いではないか。この機会に論争に応じて原作を修正し、新しい姿で中国語版の論文を掲載されたし、と。筆者の送った悉く後退りする内容の返信に対して、このような前向きな回答が来たのは意外であった。先方のご厚情から発せられたものだとは思うが、筆者の意思は先方にまったく通じなかったわけである。

再考するに、論文に関する過去の経緯を説明し、自分が翻訳に対して逡巡している心情を述べ、併せて仕事の多忙さを伝えることで依頼を「断ろう」としたのは、まさに相手に対する「甘え」の心理に基づく手段であり、要するに日本人的な発想であったと言える。老先生は筆者の文面に対し、その内容に応じてそれぞれ具体的に回答し、対応策を講じてくださったわけである。

さらに言えば、筆者の断り（のつもり）の表現が日本人固有のものであったということだけでなく、断りたかった理由が筆者の判断と心情という内面的なものであったことも、先方に意思が伝わらなかった原因のひとつだったとも

思われる。物理的な理由や客観的に不可能であるという理由ではなく、個人としての心情（心苦しいとか気が進まないとか）というのは、不承諾の意向表明として理解されにくいものだったのかもしれない。遠慮と解釈された可能性さえある。

　文面を校閲してもらった友人とも再度相談し、これはもう少し明確に「できない」という意味をお伝えするしかないと思い直した。「目下のところ、残念ながら自分には再反論するべき準備が整っていない」ということを書いた上で、最後に「この度はご依頼にお応えすることができず、誠に申し訳ない」という一文を添えた。それでようやく「では今回は致し方ないですね」という、こちらの意向を承諾するお返事をいただいた。「反論の準備が無い」という物理的な理由を伝えて、初めて翻訳原稿が出せない根拠を示したことになったのかもしれない。

　中国人に対して、断る時はハッキリ伝えた方が良い、という内容の文章をいくつかの書籍で読んだことがある。指摘そのものは正しいのかもしれない。ただ、いざそういう状況になって、さらに相手が年長者であれば、なかなか直截な表現は使いにくいものである。また、明確に伝えるべきだという意味を鵜呑みにして、ただ率直を旨として意思を伝えた場合、表現によっては相手の気分を害することも大いにあり得るだろう。「前向きに検討します」が遠回しに不承諾を表すという言語表現を用いている我々日本人にとって、中国語（外国語）で断るという行為は、なか

なか複雑で難しいことである。

しかし一方で、婉曲な表現を重ねつつ、こちらの心情や真意を「悟ってくれ」と願うのも、やはり中国人に対しては成就しにくい方法なのであろう。これも、中国人が「意味」に傾注することのひとつの証左となり得る事例だと思われる。

注意事項の書き方

同じ内容の情報を伝えようとしていても、言語が変われば表現の仕方も変わる。「歩きスマホはやめましょう」は、英語では"No Texting While Walking"（歩いている間は携帯電話を使用するな）という表現になり名詞表現と動詞表現の差が生じる。中国語だと「歩きスマホ」に限定した言い方ではないが、"不做低头族 bú zuò dītóuzú"（うつむき族にならない："低头族"の"头"は「頭」の簡体字で、常にうつむいてスマホやタブレットを見ている人を指す）という新語を含んだフレーズも存在する。

ここで、類似の注意事項における、中国語と日本語の表現の違いについて見てみよう。以下の看板の写真を比較されたい。まずは中国語の看板である。

次頁の写真は、北京の中心部にある北海公園内の貸しボート乗り場に備え付けられた注意事項の表示である。全部で７ヶ条の注意が書いてある。以下にその日本語訳を示す（文中の一部の敬語表現は略して訳す）。

> # 游客乘船须知
>
> 一、乘客应遵守公共秩序，排队购票上船，上船时验票请您主动将票交给查票人员。
> 二、为了您和他人的身体健康，请自觉维护公共卫生，不随地吐痰，将果皮（核）纸屑等杂物主动带走，扔到垃圾箱内。不要把废弃物抛到水中，以免造成湖水污染。
> 三、为了您的安全请您不要在船头上和栏杆外乘坐或站立，船未停稳或离岸后严禁上下，请勿在船上打闹、吸烟。请您看管好自己的小孩及随身携带的物品。饮酒后勿上船，上船后勿饮酒。
> 四、遇有风雨天气或船只出现故障及其他意外情况，请听从工作人员指挥。
> 五、所有船票均当日有效，往返游船需在票背面提示的末班船时间前乘坐，过期作废。
> 六、票款当面点清，离开窗口概不负责。
> 七、证件无效。
>
> 　　　　　　　　　　　　　　　　　北海公园
> 　　　　　　　　　　　　　　　　　谢谢合作，祝您游览愉快！
> 　　　　　　　　　　　　　　　服务监督电话：64016935　64037993

北京北海公園の貸しボート注意事項（写真提供：前田恭規氏）

①乗客は公共の秩序を守り、列に並んでチケットを買い乗船すること。乗船時、検札に際しては自主的にチケットを係員に渡すこと。

②あなたとほかの人の健康のため、積極的に公衆衛生を守り、所構わず痰(たん)を吐かず、果物の皮（種）紙屑(かみくず)などのゴミを自分で持ち去りゴミ箱に入れる。湖水汚染を引き起こさないために、廃棄物を水中に捨ててはならない。

③あなたの安全のために、船首や手すりの外側に乗ったり立ったりしてはいけない。船がしっかり停(と)まっていない時や離岸後の乗下船は厳禁する。船で暴れたり騒いだり、喫煙したりしてはいけない。子供と携帯品をきちんと管理すること。飲酒後は乗船せず、乗船後は飲酒をしてはいけない。

④風雨の時や、船に故障やその他不慮の状況が発生した時は、従業員の指示に従うこと。
⑤全てのチケットは当日有効で、往復の渡船はチケット裏面に示している最終便までに乗船すること。期限が過ぎれば無効である。
⑥チケット代金（の精算）は（係員の）面前で確認すること。窓口を離れたら責任を負わない。
⑦身分証明書は無効である（割引はしないという意）。

　次に日本語の看板の写真を見てみよう。次頁の写真は日本の公園における貸しボート乗り場の表示である。
　この注意事項の表示にも、全部で７つの記載がある。内容的には中国語の注意事項と同じことも含まれているが、文面を比べてみると、やはり中国語の方が非常に細かく具体的である。また、中国語の方はチケットの買い方から帰るところまで、ボートに乗ることに関する全ての行動に対して詳細な記載があることも注意を引く点である。さらに、中国語では文面に"为了 wèile"（～のために）や"以免 yǐmiǎn"（～しないように）という「目的や理由」を導く語が用いられているが、これらの使い方は日本語とは異なっているように思われる。
　日本語においても、公共の場において禁止事項を掲示する場合に理由を添えることがある。「ハトに餌をやらないでください」という掲示には「糞で汚れますので」と書いてあることも多く、公衆トイレなどで「ガムを捨てないで

> **ボート御利用上の注意**
> ・小学4年生以下の方および身体に障害のある方は18才以上でボート操作可能な方の同乗で御乗船下さい。
> ・酒気帯者の乗船は固くお断りいたします。
> ・乗船中の立席は転倒の恐れがありますのでご注意下さい。
> ・池の周囲には湿性植物保護のため杭が打ってありますのでボートをのりあげないよう注意して下さい。
> ・この池の水深は0.7m～2.5mまでありますので事故防止には十分注意して下さい。
> ・白鳥はみんなでかわいがりましょう。ボートで追いかけたりいたずらをしないで下さい。

栃木県井頭公園の貸しボート注意事項（写真提供：集英社新書編集部）

ください」や「備え付けの紙以外は流さないでください」と書いてある場合は、たいてい「詰まりますので」などと理由を添えている。

　全てがそうだとは言えないかもしれないが、日本語の表示で理由が添えられている場合、そこには当事者側の被害感や訴えが含意されていることが多いように思われる。ベンチやプラットホームを鳩の糞で汚され、異物を捨てられたトイレの詰まりを修復する当事者は、既に何度もそのような被害に遭っているのであり、再発を防止するために、その原因となる行為と結果とを併せて明示し、それを禁止するのである。

写真で示した日本の貸しボートの注意事項においても、「～ので」を用いて理由を述べている部分があるが、「転倒の恐れがある」「水深が深い」という理由は、転落事故という公園にとっても甚だ不利益で迷惑な事態を防ぐための警告であり、また「湿生植物保護」も、ボートを乗り上げられて、植物にダメージを受けるのは公園側である。

　中国語は、そういった被害を避ける意味だけでなく、「健康のために」「安全のために」といった読み手や当事者にとってのプラス方向の目的（や理由）を添えることも多い。つまり、日本語が理由を述べる場合は被害を避ける意味に大きく傾いているのに対して、中国語はプラスマイナスに偏らず均しく理由を添える傾向があるということが言える。中国語では、依頼や禁止、注意喚起を行なう場合に、その理由や目的を受け手に推察させることなく、それを全て言語化して示す頻度が高いということである。一方、日本語は、被害に遭った内容や状況など、当事者がそれを読む側に強く訴えたい場合には、禁止の理由として表明するが、そういった事例以外では、いちいち理由や目的を明示しないことも多く、それは受け手（読み手）側の推察に委ねてしまうのである。

　上で挙げた例は公園における注意事項の表示であるが、そもそも中国語では、雑誌の投稿規定や市民への交通規則遵守の呼びかけなど、不特定多数の人に文章で告知するものは、一般に理由や目的をいちいち文面に併記する率が高い。

次節では、この受け手に委ねる度合いということについて、詳しく見ていくことにする。

3．「語用論」の領域に属する意味の食い違い

ここからは、同じく意味に関わる事象ではあるが、意味論とは別の領域に属する現象を見ていこう。

これも人から聞いた話なので、もしかしたら多少創作が混じっているのかもしれないが、昔、ある日本人が中国で寝台列車に乗っていた時のことである。二等車で、隣の寝台との間には壁などの間仕切りは無い。乗車後徐々に夜は更けていき、真夜中になったが近くの寝台にいる数名の中国人が声高に話し続けていた。うるさくて眠れず、その日本人は腹が立ち、「あなたたちは、今何時だか分かっているのか？」という文を中国語に直訳して叫んだ。すると、向こうからのんびりした声の調子で、「夜の2時半だ」という返事が返って来たという。

仮に創作だとしても、この話は面白いポイントを踏まえている。つまり、「今何時だか分かっているのか？」という発話に対して、純粋に意味論的な解釈にだけ基づいて返答すれば、「2時半だ」という回答自体は正しいからである。当然のことながら、この場合は時刻を確認し合いたくて怒鳴ったわけではない。相手に時刻の認識を問うことで、こんな時刻は周囲の人が寝ているから、静かにすべきであ

るという常識やマナーを想起させ、相手に注意を促すことが本意である。

　このように、発話された言語（ことば）の外側にある意味（知識や常識などに基づいて推論される意図）を聞き手に察知させ、それによって意思の伝達を図ろうとする手段は日常よく用いられるものである。発話された文の字義通りの意味とは別に、人がその文を発話することによって伝えようとする真の意図と、その伝達表現の背景や特質などについて考える分野を「語用論」という。

　もうひとつ卑近な例を挙げると、皮肉や嫌味が通じるのも、語用論的な作用によるものである。授業中に、板書をノートに写し取るのが非常に遅い学生がいるとする。教師がそれを待っていてイライラし、その学生に「君は丁寧にノートを書くねぇ」と言ったとする。教師の本意は場の状況を察して、学生が急いで筆記をすることにあるのだが、もしその学生が語用論的にその意味を察知せず、意味論的にのみ教師の発言を解釈したら、褒められたと思い、礼を言うかもしれない（近年、実際にそういう学生が増えてきたようにも思う）。皮肉が通じなかった場合は、語用論的には不首尾に終わったことになる。

　語用論に属する「意味」は、話し手が伝えようと想定していることを、聞き手が同じように察知しなければ成立しない。それには双方が共有する知識や情報も関連するし、文脈や状況から判断する感覚や能力も関与する。また時には、察する速さや深さといった、より個人的な資質も関係

する場合がある。別の言い方をするなら、語用論には厳然たる客観的なルールは存在しない。また絶対的な正解という概念も無く、要は、あるひとつの表現によって、より多数の人が言外に同様の意味を伝達し、受信できるものほど、その表現は語用論的な意味伝達機能を確立しているものだと認定できるのである。

　それゆえ、言語や文化が異なる人同士では、同じ言語を話す人同士と比べて、語用論的な共通認識や共感度が減少するのは当然のことである。簡単に言えば、日本人であれば、外国人よりも、日本人を相手にしている方が意思の疎通が容易である。これは言語そのものが同じか違うかという単純な話ではない。完璧な逐語訳を行なったとしても、その文が100％こちらの意図を伝えきれるかどうかは、語用論の領域までを含めて考えた場合は、保証の限りではないということである。こういった語用論の観点から、中国語と日本語を比較してみよう。

寒くないですか？

　日本語で「寒くないですか？」という文を相手に言う場合、語用論的には二つの意図が考えられる。ひとつは、真冬なのにＴシャツ１枚着たきりの人など、見た目や状況から、どう考えても「寒い」であろうと思われる相手に対して発せられる一種の批難である。ただ、この場合は、通常の疑問文としての機能にも解釈できる。相手も「いえ、大丈夫です」などと答えることもあるだろう。

二つ目は、何人かで暖房の効いていない部屋にいる時などに、自分自身が寒さを感じ、それを改善したいと思いつつ、相手に「寒くない？」と尋ねている状況である。これは疑問表現でありながら、語用論的には、暖かくして欲しいという自分の願望を成就すべく発せられるものである。これら二つの用法以外に、自分自身は適温であるが、もしかしたら相手にとっては寒いかもしれないという、純粋な気遣いの発問という用法もあるが、これは字義通りの疑問文なので、考慮の外に置く。

　二つ目の用法の場合、相手が暖房を入れたり、窓を閉めたりして部屋を暖めようとする行動を起こすか、「私は大丈夫ですが、（あなたは）寒いのですか？」と問い返してくれば、発話者の意図は達成される。単に「いえ、寒くないです」などとキッパリ疑問文に回答されただけでは、意思の疎通は不成功に終わることになる。

　中国語の場合、"你不冷吗？ Nǐ bù lěng ma?"（あなた寒くないですか）という疑問文に対しては、相手は専ら「寒い／寒くない」という自分の感覚や状況を答えるだけのようである。また、コーパスの実例を見ていると、"你不饿吗？ Nǐ bú è ma?"（あなたお腹は空いていないですか）という文を言う場合でも、"我饿了，你不饿吗？ Wǒ è le, nǐ bú è ma?"のように、まず自分が空腹であることを明言してしまう場合や、食事の最中に、食が進んでいない相手に対して言う例が多く、いずれも相手が空腹ではないのかということを純粋に尋ね確認する意味として用いられているこ

第3章　中国語の伝達機能と受信感覚　　161

とが見て取れる。中国語において、この種のタイプの疑問文を用いて、自分自身の現状（と不満）を暗に訴え、その現状を改善しようとする目論見を伝える用法は、あまり見られないようである。

日本人の対話の相手は心情的共鳴者
　真夏に人と会ったりすると、よく「毎日暑いなぁ」「暑いですねぇ」などと言うが、この「なぁ」「ねぇ」は、自分の感覚や気持ちが、同様に相手に共有されていることを見込んだ表現である。相手の同意を事前に織り込んだ表白と言っても良い。
　この表現が日本語において多用される原理とも言うべき認識は、第1章で引用した森有正氏の「二項関係」に基づく日本人の対人関係のあり方であろう。相手を目の前にしていながら「毎日暑い！」と一方的に宣言したら、相手は応対の仕方に困るのである。第1章で述べたように、対話において日本人にとっての最小単位はひとりではなく二人であり、「わたし」は純然たる一人称ではなく「汝の汝」（相手から見た「あなた」）である。ゆえに日本語の発話は、相手との共存関係を意識しながら協働的な姿勢でなされるのが常態となる。そういった認識に基づいて「私は暑いと感じているが、あなたもそうですよね」という共感型の表現（すなわち「なぁ」「ねぇ」の付加）が選ばれるのである。
　ただ、それゆえに、時には逆に少々困る場合もある。た

とえば先輩や上司などから「腹減ったなぁ」と言われたり、「いい季節になったし、どこか行きたいなぁ」と言われたりした時である。「暑い」のはたいてい誰もが同じように感じることが多いが、空腹感や物見遊山に行きたい気持ちのように、個人的な身体の状態や願望に関わる内容の場合は、必ずしも常にこちらも相手と同様かどうか定かではない。ひとりで早めに軽く昼食を済ませ、直後に先輩と落ち合った瞬間に「腹減ったなぁ」と言われた場合など最たる例である。気が置けない間柄であれば正直に返答できるだろうが、そうでない場合は「いいえ」と簡明に答えることが難しい。上司と部下の世間話で、「花見にでも行きたいなぁ」「いえ、別に」という対話は、かなり寒々しい光景である。「そうですねぇ」などと返すのが日本人の大人の会話としての自然な流れであろう。

　日本語（日本人）において、対話をしている当事者は同じ心を持った者同士として話すことを基調としており、欧米人のように別々の人格として互いに理解し合えないことを大前提にして話すのではない。そういった対人関係の認識が、「寒くないですか？」という表現を受けた聞き手に、これは自分に尋ねているわけではなく、実は発問した当人が寒く感じているのではないかと類推する気持ちを掻き立てるのである。

　中国人には（というか恐らくは多くの外国人には）そのような認識そのものが希薄であり、森有正氏の表現を借りれば、中国人の対話において、「汝」に対しているのは

「我」である。よって、寒ければ「私は寒い」と言えば良く、また「僕はお腹が空いた。君は？」——「僕は空いていない」というやり取りも極めて自然である。

　嘗て筆者がある中国人の家庭で食事をご馳走になった時、食事が始まってまだそれほど時間が経っていないうちに、その家の末の息子（成人である）が早くも満腹した様子で茶碗(ちゃわん)を置き、"我不吃了，你们慢慢儿吃 Wǒ bù chī le, nǐmen mànmānr chī"（僕はもう食べない、皆さんどうぞごゆっくり）と言ってサッサと食卓を離れたことがあった。無論中国人でも、接待をしている場合などにこのような態度を見せることはあり得ないが、自宅でごく内輪の気が置けない席なので普段通り振る舞ったのであろう。

　ただ、これは日本人の心情からすれば、些か珍しい光景ではないだろうか。客の眼前で"我不吃了"と言うのは、大げさに言えば、その場の協同的行為からの断絶の意味が汲み取れる。「私は私」という振る舞いである。

　中国語には、日本語の「なぁ」「ねぇ」に相当する表現形式が見当たらない。相手の共感を織り込みながら、自分の感覚や気持ちを述べる形式というのは、客観的に眺めてみれば、なかなか複雑なものである。そのような形式を多用する対人意識に基づき、相手に対する疑問形式の発話で自分の不満の感覚やそれを改善したいという意図を伝えようとする日本語は、かなり煩瑣(はんさ)な伝達手段を用いているとも言えるだろう。そのように考えれば、日本語は、中国語（や英語）と比べて、語用論的な操作を要求する度合いが

非常に高い言語だと言える。

「ウナギ文」について

2018年の夏休みに母校の神戸大学で集中講義をした。神戸大学は六甲山の麓の斜面にキャンパスが複数あり、各学部間の距離も遠いので、バスに乗って行く場合はいくつかの路線を使い分ける。ある朝、JR六甲道(ろっこうみち)駅前のバス停でバスの乗り方を尋ねている人がいたが、その時、教えている方の人が「文学部は36番です」と言った。

この「XはYだ」という構文は、通常は「日本の首都は東京だ」のようにXとYとが同一関係にあるか、「イチゴは野菜である」のように包摂関係にあることを表す。その意味において「文学部は36番だ」という文は、いずれにも該当しない。この文は「文学部に行くならば、乗るべきバスは36番（系統）です」が省略圧縮されてできたものである。日本語では、このような「XハYダ」という文が非常に多く用いられる。日本語の研究分野においては、この種の文を「僕はウナギだ」（「僕が注文したのはウナギだ／僕が好きな食べ物はウナギだ」などの意）という有名な例文に因(ちな)んで、「ウナギ文」と称している。

「ウナギ文」は、それ単独では意味が成立しない。会話の文脈やその場の状況といった、外的な情報の補助を必要とする（つまり、語用論的解釈を必要とする）。「兄は女の子で、妹は男の子です」という文だけを単独で聞けば、即座に意味が了解できず、頭の中が混乱してしまうかもしれな

い。だがこの文が、話し手の兄と妹それぞれに、ほぼ同時に子供が生まれたという話題の中で、誕生した子供の性別を報告している発言であれば、何の問題も無い文となる。このように、日本語の「ウナギ文」は、状況さえ整えば、かなり多様な意味関係によって結び付けられているXとYとを、「XハYダ」という圧縮したかたちで提示して意味を伝達することが可能である。

中国語の「ウナギ文」

さて、中国語には"X是Y"という文型があり、これは日本語の「XハYダ」と同様に、同一関係や包摂関係を表すものである。従来の研究では、中国語も、この"X是Y"という構文が「ウナギ文」として日本語と同様に活用されると指摘されてきた。たとえば友人と喫茶店に行って、注文した飲み物が同時に運ばれてきた時に"我是咖啡，她是拿铁 Wǒ shì kāfēi, tā shì nátiě"（僕はコーヒーで、彼女はカフェラテだ）と言ったり、また空港で銘々の行き先を話題にして、"我是北京，他是上海 Wǒ shì Běijīng, tā shì Shànghǎi"（私は北京で、彼は上海だ）と言ったりすることが、中国語においても容易に成立すると認定されてきたのである。事実、中国人にその真偽を問うと、多くの人が成立すると肯うだろう。

しかしながら、実例を詳しく調べてみると、中国語の実態は、決して日本語と同じではないことが分かる。「ウナギ文は中国語でも自由に成立する」と母語話者が肯うほど

に、中国語の実例は豊富に存在しない。筆者が序章で示した各コーパスに加え、日本の小説とその中国語翻訳版などの資料に基づき調査した結果、中国語の"X是Y"が「ウナギ文」として用いられている実例は、概ね次の3種類の意味を表すものに集約されることが判明した。

[イ] 比喩：YがXの比喩として用いられるもの
　　例：我是山，你是水。Wǒ shì shān, nǐ shì shuǐ.
　　　　私は山で、あなたは水だ。

[ロ] 給与や所属先：YがXの給与や所属先を表す
　　例：我是三十一块钱。Wǒ shì sānshiyī kuài qián.
　　　　私は31元だ。
　　　　我是《人间指南》。Wǒ shì《Rénjiān Zhǐnán》.
　　　　私は『人間指南』（という雑誌の者）だ。

[ハ] 時を表す名詞を主語Xとする文
　　例：今天是U2，明天是保罗・西蒙，后天是ABBA音乐剧。Jīntiān shì U2, míngtiān shì Bǎoluó・Xīméng, hòutiān shì ABBA yīnyuèjù.
　　　　今日はＵ２、明日はポール・サイモン、明後日はアバのミュージカルだ。

上記のうち、[イ] は隠喩（metaphor：比喩であることを明示せず、ある事物全体で人や事物を比喩的に表す修辞

法）であるが、［ロ］も換喩（metonymy：ある事物の一部分を用いて全体を比喩的に表す修辞法）に属するものと見ることができ、要するに比喩の一種である。上で挙げた給与を表す例文では、金額からしてかなり昔の文であることが分かるが、嘗て（社会主義国家である）中国の伝統的賃金制度においては給与が等級別に細かく設定されていたので、その額は個人のアイデンティティーを示す機能を持っていたと言える。［ハ］では、例文が今日、明日、明後日と対比された形式になっているが、このタイプの文は概ね単独では現れず、対比のかたちを取るのがデフォルト（標準）である。

　以上のことから考えて、中国語の"X是Y"は「ウナギ文」として用いられることはあるものの、日本語のように多種多様な意味関係を圧縮した種々の実例を豊富に有しているとは言い難い。中国語の実例の大多数は、厳密な意味ではXとYとの間に一致関係は無いが、両者の間に意味的な同定関係が認められるものに集約されることが見て取れる。

　つまり、「文学部は36番です」という文において、文学部と36番との間には、どう考えても同定関係を認めることはできないが、"我是山"においては「私」がすなわち「山」であり、"我是《人間指南》"においては「私」の分類上の所属を示している。これは新聞の集金に来た人が、インターフォンで「○○新聞です」と名乗るのと同じことであり、広義の同定関係である。［ハ］の時を表す名詞を

主語とする文は、単独の文では同定関係を表すものだと認め難い面もあるが、上で述べたように、この種の文は対比形式で現れることが常態であることから、ある時間の範囲内において各時点に該当する事項を一対一の関係で羅列し、それぞれの対応（一致）関係を示すものだと理解することができるだろう。

中国語は語義に執着する

以上の「ウナギ文」における調査において、中国語は日本語と比べて狭い範囲でしか用いられていないことが分かったが、これは結局、中国語は動詞"是"の有する「同定」という語義から逸脱していないことの現れとも言える。厳密な意味での「一致」関係からは外れるものの、日本語の「ウナギ文」のような無制限に近い種々の意味関係を内に含む用法にまで広げることは憚られるのである。"是"を日本語に訳すと「～だ／～である」となるが、両者が述語となる実態は同じではない。たとえば日本語では、「お、雨だ」「あ、財布だ」のような知覚的発見を表す文に「～だ」を用いることができるが、中国語では"*啊，是雨 A, shì yǔ"や"*啊，是钱包 A, shì qiánbāo"のような文はいずれも成立しない［注：文頭の「*」は文が文法的に成立しないことを示す］。"是"は日本語の「だ（である）」ほど、種々の述語を代行し得ない。

また、日本語の「ウナギ文」では「～だ（である）」を用いずに「花は桜木、人は武士」のように名詞で終わるか

たちもあり、さらには「僕（,）ハンバーグ」のように、助詞「は」の使用さえ省いたかたちも存在する。一方、中国語の同定文の中には"他北京人 Tā Běijīngrén"（彼は北京出身だ）のように動詞"是"を用いずに名詞（句）のみを連結するタイプの文も限定的な範囲ではあるが存在する。しかし、中国語ではこのかたちにおける「ウナギ文」の実例を言語資料から発見することが難しい。

「男は度胸、女は愛嬌あいきょう」という諺ことわざを、中国語では"男（人）要勇，女（人）要娇 Nán（rén）yào yǒng, nǚ（rén）yào jiāo"と訳すことが多いようだが、このように、中国語ではことさら"是"を用いた同定文の形式を用いず、実義的な動詞を用いて文を構成する方が一般的である。この場合の動詞は"要"（必要とする）であり、これも一文字であるから、"是"を用いて「ウナギ文」を作っても文に使用する語数の経済性には何ら貢献しない。この環境において、わざわざ"X是Y"のかたちを用いるメリットや要求は無いと考えられる。さらに、本書でも再三述べてきたように、中国語は、むしろ具体的な状況や事態に即して個別的かつ実義的な表現を志向する言語であるから、そのことから言っても「ウナギ文」を積極的に選択する動機はそもそも生じにくいと言えるだろう。

「場」を察する日本語、「かたち」を追う中国語

　以上見てきたように、日本語ではことばとして表された情報の外側にある意味や意図（すなわち語用論に属する意

味）を、聞き手が推察し補って了解するという度合いが非常に高い。それに比べて中国語は、ことばという「かたち」で示されたものの持つ意味に忠実に基づいて情報のやり取りを行なっている面が強いと言える。

　嘗て、筆者が中国の大学に学生を引率した時に、授業を担当している中国人教師から、「日本人の学生は、授業中にニヤッと笑うことが多いが、それはなぜか？」という質問をされたことがある。この質問に回答することは簡単であった。日本人の学生は、授業で教師に質問されて答えに窮した時、無言で微笑むことが少なくない。これは学生に限ったことではなく、相手から何か言われたり問い詰められたりして返答に困る時に、日本人が取りがちなリアクションであろう。微笑むことで、自分が返答に窮していること、延いては「それ以上訊くな」という心情を暗に（温和な表情で）伝えているのである。

　そのことが中国人（というか外国人）には理解できない。むしろ、教室で学生に質問した際に、ニヤッと笑われると、不可思議かつ不気味に感じられるのである。私の説明を聞いた中国人教師は、「一応理解はしたが、今後分からない時にはちゃんと口頭でそう言って欲しいと学生たちに伝えてくれ」と言った。次の日から教室では、学生たちの"听不懂！tīngbudǒng!"（聞いても分かりません→聞き取れません）という声が続出したが、それでも中国人の先生方は機嫌良く授業を進めておられたのが印象的だった。

　中国でお葬式があり、父親を亡くした息子が祭壇の側で

第3章　中国語の伝達機能と受信感覚　　171

じっと黙って座っていると、会葬者の多くがその息子に「泣け」と言ったという話を聞いたことがある。儒教的な考えの影響もあるのだと思われるが、別の見方をすれば「泣く」という可視的な行為を見て、初めて周りの人々は息子が父の死を悲しんでいるということを明確に認知できるのである（中国人が「可視性」を重視することは、次の第4章でも詳しく論じる）。その意味で言えば、中国では「男は黙って」式の態度は通用しにくく、かたちとして示してこそ意味の伝達が明確になるという側面が強いということが言えるだろう。

　次章では、そういった観点も踏まえつつ、さらに中国人の世界認識や行動の規範について広く考えてみたい。

第4章　中国人の価値観
——現実世界の認識と行動の規範

第1章から第3章までは、あいづちや応答表現、挨拶の実態、相手の呼び方、日常会話に見られる種々の表現や定型的フレーズにおける意味の伝達というように、全て言語（ことば）として立ち現れる現象について考察してきたが、本章ではそこから少し視野を広げ、中国人の日常の振る舞いや事態への反応、行動に際して準拠している規範などを観察し、それらの現象から中国人の価値観について、また、自分を取り巻く現実世界をどのように認識しているのかということについて考えてみたい。

　本章で取り上げる事例には、「ことば」のやり取りに纏（まつ）わる事象から少し離れたものも含まれるが、そこから見出（みいだ）せる中国人の思考や感覚について分析を重ねていくと、多くの面において「ことば」を用いる実態と符合していることが分かるだろう。

1．中国人の趣味趣向と判断基準

数字に関する験担ぎ

　数字に関する験担（げんかつ）ぎは、恐らくどの国にも存在するだろう。日本では、「4」は音が「死」に通じるので病室やホテルのルームナンバーから除外されることが多く、また「7」を幸運の数字と認識する人が少なくないが、これは

聖書や野球を起源とする説がある。「8」は漢字の字体（八）が下に向かって左右に開いていくので、「末広がり」と称し、発展や開運を表す数字として認識されている。外国の概念を含めて、時には音、時には意味（故事）、そして時には文字のかたちなど、さまざまな観点や基準から数字の吉凶を定めていると言って良い。

中国で縁起が良いとされる数字は、「6・8・9」である。これらの数字はそれぞれ"六六大順 liù liù dà shùn"（家庭円満や仕事が順調であること、健康であることなど諸々(もろもろ)の幸運を祈念する成語）、"发财 fācái"（財を築く）、"长长久久 chángcháng jiǔjiǔ"（末永く続く、長生きする）といった語やフレーズの意味に通じていることから人気が高い。"八 bā"は"发 fā"に、"九 jiǔ"は"久 jiǔ"に字音が通じるのである。中国語では縁起の良い成語や語と数字の音を合わせる基準が最も標準的である。

中国公安部交通管理局の統計によると、2016年末における中国全土の自動車保有台数は約2億台だが、今後もこの数字はさらに急カーブを描いて上昇していくだろう。自家用車のナンバープレートは、希望する番号がある場合、日本では陸運局に申請し抽選の結果当選すれば取得できるが、中国では基本的にはアトランダムに提示された番号から選ぶという方式以外に、人気のある番号については売買が行なわれている。やはり上で述べた「6・8・9」が好まれるが、これがゾロ目になると天井知らずの値段がつく。筆者がインターネットの写真入りの記事で確認した中では、

第4章　中国人の価値観　175

「粤V99999」という車番（"粤Yuè"は広東省の別称）が、2016年11月に開かれたオークションで320万元という値段で落札されていた。その当時の中国元は1元＝15円74銭のレートであるが、これに基づいて計算すると、約5040万円になる。自動車どころか家が買える値段である。

　日本と中国の数字の活用状況について述べると、日本では車番の数字で語呂合わせをするケースも見受けられる。たとえば「1122」（いい夫婦）や「2525」（ニコニコ）などが該当する。また佐藤さんが「310」という車番をつけるように持ち主の苗字や名前を数字化することもある。筆者の弟は恐妻家なのか、何度車を買い替えても、必ず妻の名前を数字化して車番に選んでつけている。

　このように、日本人の語呂合わせはラッキーナンバーという概念以外にも、良い意味を表す語句や自分あるいは家族の名前、さらに、「499」（よく食う）、「776」（［パチンコのフィーバーに］当たらない→事故に遭わない）、「3568」（4と7が抜けていて無い→死なない）などのように洒落や判じ物として面白味のある配列を数字で表すこともある。この種の趣向は枚挙に遑が無い。語呂合わせ以外にも、21世紀になった記念に「2001」を選ぶ人や、プロ野球の長嶋茂雄氏のファンが「・・・3」をつけるなど、記念や趣味の領域にまで選択の幅が広がっている。

　中国で車番の語呂合わせに自分の姓名を盛り込む事例は、数字ではなくアルファベットに見られる。省や地域によって車番の配列方式は異なるが、ナンバープレートにアルフ

ァベット2文字を数字と併記する方式の場合、たとえば"夏彬 Xià Bīn"という名の人が、自分の車のナンバープレートに姓名の発音記号の頭文字を選んで「XB1234」とするような例がある。また数字の語呂合わせでは、「168」（yī liù bā という音が"一路发 yīlù fā"［ずっと金運がある］に通じる）などが代表的である。

　数字に関する趣向において、従来、中国人は個人の趣味を配列に反映させるようなことはせず、ひたすら吉凶に拘ってきたように見受けられる。そもそも上で述べた「6・8・9」といった人気が高い数字自体も、全て開運を祈願するものであり、さらに言えば概ね金運と長寿の方面に意識が向いている。中国における数字の選択は、基本的には「繁栄祈願タイプ」に徹していると見ることができよう。これは車番だけでなく、携帯電話の番号などについても同様である。中国では縁起の良い数字の電話番号も売買されている。金運と長寿というのは、人間が望む事柄としては極めて現実的で実利的な願望であり、ここに中国人の現実主義の一端が現れているとも言える。

　ただ、近年ではそれ以外に、たとえば「520」（wǔ èr líng の音が"我爱你 Wǒ ài nǐ"［私はあなたを愛している］に通じる。中国の南方では子音"l"と"n"を区別しない地域が多い）や「1314」（yī sān yī sì の音が"一生一世 yì shēng yí shì"［一生涯］に通じる。これは本来その前に"爱你"がついており、「一生涯あなたを愛す」という意味を表す）などの語呂合わせも見られるようになった。

これは、WeChat（"微信wēixìn"、中国のメッセンジャーアプリ）などで恋人同士が誕生日やバレンタインデーに使用しているものであるが、それらの数字を車番につけている人もいる。また近年では日本と同様に、誕生日や結婚記念日を車番に採用している人もいるようである。情報機器の変化やコミュニケーション方式の変容などにともない、若い世代を中心に、中国の数字の使い方にもやや広がりが出てきているということだろう。

台湾における数字の語呂合わせ
　本書を執筆中である2018年2月に、筆者は台湾の台北市を訪れた。個人的な主義として、ひとつの街に滞在している間は、電車や路線バスといった公共の移動手段しか使わないのだが、台北滞在中に時間の都合で一度だけタクシーに乗った。座席の背もたれにハイヤーの広告が貼ってあり、そこには以下の情報が記載されていた（以下、台湾における事例については漢字を繁体字［台湾で用いられている筆画の多い字体］で表記する）。

　　24H　　手機叫車　　55100
　　　　　市話 <u>2918</u>－3000　　<u>您叫一拜</u>　三仟
　　24時間　携帯電話で車を呼ぶなら55100
　　　　　　市内電話は2918－3000　　1回呼んでね3000番

　下線部の「2918（ji kiu it pat）」と"您叫一拜（li kio it

pai)"が語呂合わせになっているのだが、これは台湾語
(閩方言(ミン)のひとつ)の発音に基づくものである(カッコ内の
発音表記は台湾の白話字［教会ローマ字］による)。

　このような電話番号の語呂合わせは、たとえば1960年代
に電話番号の下4桁「4126（良い風呂）」のＣＭソングで有
名になった伊東温泉の某ホテルや、毛髪関連事業を営む企
業の電話番号「9696（黒々）」など、日本でも昔からよく
使われている手法であるが、台湾で同様の手法が用いられ
ているのは今回の訪台で初めて気がついた。帰国後に台湾
出身の研究者に確認したところ、その人がすぐ思い出した
のはピザ配達専門店の電話番号「412－5252」（下4桁の音
"wǔ èr wǔ èr"が"我餓我餓 wǒ è wǒ è"［私はお腹が空い
た］に通ずる）であったが、それ以外では、以下のような、
政府や公共機関のサービスに属する電話番号の語呂合わせ
があるという情報をご教示いただいた（下線部の番号が、
カッコ内で漢字表記したフレーズに語呂合わせされてい
る）。これらの情報は、いずれもインターネットで確認で
きる。

外交部（外務省）：海外からの緊急救助ダイヤル
886－800－085－095（"你幫我，你救我"［私を手助けし
てください、私を救ってください]）

社団法人国際生命線台湾総会：いのちのダイヤル
台湾全土23ヶ所の電話番号の下4桁は全て共通で、1995

("要救救我"［私を救って欲しい］)

衛生福利部（厚労省に相当）：体重管理相談ダイヤル
0800‐367‐100（"瘦落去，要動動"［痩せるには、動かねば］台湾語の発音に基づくもの）

某大学構内の緊急保安ダイヤル
6158024（"留意我，幫您24［小時］"［私のことを気に留めていてください、あなたを24時間お手伝いします］)

　ちなみに、中国ではこのような電話番号の語呂合わせはあまり用いられていないそうである。この用法は、台湾に特有のものかもしれないが、その台湾においても日本ほど広く多くは使われていないように思われる。
　また、日本では、たとえば歴史の勉強で年号を憶える時に、平安京遷都794年は「鳴くようウグイス平安京」、応仁の乱1467年は「人世むなしく応仁の乱」のように語呂合わせによる記憶術が全国的に用いられているが、こういった活用法は中国にも台湾にも無いとのことである。
　以上見てきたように、台湾においては日本と似たような電話番号の語呂合わせも存在するが、その使用率は日本ほど高くはなく、公的かつ危急の場合に関するものに集中しているようにも思われる。中国では電話番号など数字の暗記に役立てるような語呂合わせの用法は無いらしく、現在のところ、先に述べたように開運を希求するタイプと、恋

愛関係のメッセージに属するタイプのものが主な用法として観察される。

日本語は、数字の発音として「いち、に、さん」の漢字音と、「ひい、ふう、みい」の和語の両方があり、また音声表記の最小単位が「仮名」(「母音ひとつ」か「子音＋母音」)であるため、語呂合わせに便利な条件も備わっているが、中国語においても語呂合わせそのものは可能である。その用途の幅に違いがあるのは、やはり言語自体の物理的な条件以外に、それをどう使うかという使用者の趣味趣向が関与していると考えるべきであろう。総じて言えば、中国人の数字の使い方は、個人の実益に関連が深いものを旨としていると言えるだろう。

大きいことはいいことだ

昭和40年代の前半、日本の高度経済成長期に「大きいことはいいことだ」というチョコレートのCMソングが流行した。従来、日本人は欲張らず、ささやかな喜びや小さな幸せを有難く思うことを美徳としてきた。このCMの宣伝コピーは、戦後経済の隆盛を機に、発想を180度転換して生み出されたものであった。我が国では古来、「馬鹿の大足」や「下手の長糸」などの表現からも分かるように、必要以上にサイズが大きいことを蔑む傾向がある。その意味で言えば、中国人は逆に元来大きいものが好きである。

嘗て、筆者の恩師が仕事で北京に行かれた時、北京在住の親しい中国人研究者に連絡を取った。その研究者は早速

恩師の宿泊先のホテルを訪れたが、その時、手土産としてとてつもなく大きな果物籠を二つ両手に下げて来たそうである。恩師の北京滞在はわずか数日で、とてもひとりで食べきれる量ではない。かと言って果物なので（検疫のため）日本に持ち帰ることもできない。

　恐らく多くの日本人は、このような手土産の渡し方はしないだろう。かえって受け取る側に迷惑がかかると考えるからである。筆者はこれまでに何度か中国人の自宅に招かれたことがあるが、その時一緒に客として招かれた中国人がいる場合、彼らの手土産は、日本人から見れば少々度が外れているなと感じる大きさや重量のものが少なくなかった。要するに、中国人の手土産は「大きい」ことがひとつの特色である。

　中国人の手土産がサイズや重さなどにおいて日本人の感覚を上回るような品である理由は、体積や重さ、すなわち度量は、外観や手に持った感覚ですぐに分かるものであり、その大きさや重量が相手に対する情宜の厚さに比例すると考えているからである。ここで重要なのは、外観や手に持った感覚という、誰にも等しく、かつ即座に分かるという物理的な基準を重視している点である。

　たとえば、日本人の場合、創業三百何十年の老舗(しにせ)の商品であるとか、一品一品手作りされた菓子などを珍重する人も多く、材料の生産地、店の限られた生産量などで品物の価値を評価することも少なくない。しかし、それらは概ね商品に付帯する背景的な情報であり、知識や説明を要する

ことである。品物を見た瞬間に姿形などから自ずと判明することではない。中国人はまず見栄えが大事である。いくら凝った品であっても、小さいものや軽いものだと高評価を得られない確率が高い。

　品物に限らず、店で接待する場合などを考えても、仮に古民家などを改造した、質朴とした佇まいで小ぢんまりとした店に中国人を招待した場合、たとえ料理の質が高くとも相手が満足に思うかどうかは定かではない。中国人の同僚の研究者から聞いた話では、中国から日本に来たお客を何度か食事に連れて行った結果、最も喜ばれたお店がチェーン店のファミリーレストランだったという事例もあるそうで、理由は、そのお店はフロアが広く、照明が明るく、満員の客で埋まっており、メニューが大きく写真付きでラミネート加工されたものであったからとのことであった。高評価の理由は全て、目で見てすぐに分かることばかりで、かつ広いとか大きいというサイズの面において優れているという基準である。

　さらに、中国人は贈り物をする際に、高価な品であれば値札をつけたまま相手に渡すこともある。日本人の感覚からすれば驚くべきことであるが、これも前述のサイズや重量と同様で、値札の金額を見ればその品が高価なものであることが一目瞭然であり、その値段の高さを相手に明示することにより、贈る側の思い入れや誠意が伝えられるのである。

　以上の種々の事例が示しているのは、中国人が単に大き

いもの、値段の高いものが好きだということだけではない。より重要なポイントは、判断基準が見てすぐに分かること、すなわち「可視化」された範疇内に設定されているという点にある。中国人がいわゆる一流ブランド品を好むのも、品質のみならず、むしろ周りの人が見てすぐに分かるという点が重要なのであろう。

中国でも現在 Apple 社のパソコンが人気であるが、友人から聞いた話では、中国では Apple のノートパソコンの外装だけが売られており、それを Windows のパソコンに装着して使っている人がいるそうである。カフェや学校でそれを使っていると、周囲の人からはどう見ても Mac を使っているように思われるからだという。こういう話からも、やはり中国人が外観という直接かつ即座に判断できる可視的基準を重視していることが見て取れる。

客観的基準となる量化と数値化の重視

上で述べた基準は、さらに中国人の日常用いている基準に広く深く関わっていると見ることができる。現在の中国、特に都市部ではスーパーマーケットで買い物をすることも多いので、ある程度状況に変化が生じている面もあるが、従来、中国では、果物類および醬油や酢などの液体調味料（以前は瓶入りではなく、中身だけを売買していた）、麺類や餃子、肉まんなど小麦粉から作られる食品や、さらには木村英樹『中国語はじめの一歩』（ちくま学芸文庫、2017年）によれば、針金のようなものまでが、全て目方で売られて

いた。個数や何人前という単位ではなく、重量を単位として売られていたのである。そういった品物のいくつかは、現在でも依然として目方を基準として売買されている。日本人の感覚からすれば些か違和感があるが、これも考えてみれば非常に客観的な基準であるとも考えられる。

たとえばリンゴを5個買うとして、ひとつひとつの大きさはまったく同じではない。個数単位であれば、小さめのものばかりを5個買えば、大きめのものを5個買うよりも損である。重さを基準単位とし、たとえばリンゴを"1斤 yì jīn"（500g。"斤"は中国の伝統的な重さの単位）買えば、個数や大小にバラつきがあっても、物量としては誰もがまったく同じ「量」のリンゴを手に入れることができる。あるいは、葡萄を一房買うとしても、重さを単価にすれば、その大小に応じてちゃんと異なった値がつくことになる。個体としてバラつきのあるものでも、重さで量り、それを数値で可視的に表せば、主観的な差が生じることなく、公平で客観的な基準となる。

中国では、外交官になる資格条件の中に身長が入っているそうである。規定の身長に足りない人は、それ以外の全ての条件を満たしていても合格しないという。それがどれくらい公的な（公表されている）基準かは分からないが、筆者の友人（浙江省出身）は、学生時代に外交官になりたいと思っていたが、成績ではなく身長で撥ねられて断念したそうである。背の低い外交官だと、外国の官僚や政治家と並んでメディアに映る際に、常に相手を見上げる姿勢

をとることになり、その構図が、中国が他国を仰ぎ見るイメージを喚起するので宜しくないというのが理由のようである。省によっては教員の採用審査にも身長を選抜条件に入れているところがあるという。

また、地下鉄や路線バスに乗る時、中国でも幼児は無料であるが、その基準は年齢ではなく概ね身長を採用している。年齢はごまかせるが、身長ならばすぐに間違いなく判定できるからである。

ただ、近年中国国内では、職業にせよ乗車賃にせよ、身長を基準にするのはかえって不公平であり、またナンセンスであるといった反対意見も出ているようである。世界の多くの国と基準を揃えるという意味でも、身長を基準とする条件や方式は徐々に改正される可能性もあるだろう。しかし一方で、中国人に根強く定着している価値観と、それに基づく基準や条件の設定方式は、そう簡単には消滅しないようにも思われる。

なぜ初対面の相手に給与の額を尋ねるのか？

中国人は、初対面の相手にいきなりその人の給与の金額や年収を尋ねることが珍しくなく、そういった習慣を知らない日本人が、実際に問われた時に面食らってしまうことがある。本書の序章で友人の帰省に付き合って中国の農村に行った話を述べたが、筆者は戦後その農村を訪れた二人目の日本人であった。その友人の父親が村長であったこともあり、滞在中毎晩のように近隣の村民が集まってきて四

方山の話をしたが、筆者が最初に受けた質問は「日本は平地がどれくらいありますか？」であり、その次の質問は「大学の先生って、給料はどれくらいですか？」であった。その村の一戸の平均的な年収は約3000元（日本円で４万円強）だと事前に聞いていたので、答えるのにたいへん気を遣った。帰る日になり、村を去る間際に滞在の礼を述べると、土地が空いているから家を建てないかと言われた。２階建てで10万元だと言う。村民の年収と家屋の建造費に余りにも隔たりがあるので、不思議な気持ちを抱きつつ村を後にした。

　話を戻すと、中国人が初対面の相手にいきなり給料の額を尋ねることは、相手が社会人の場合、未婚か既婚かという質問と、（既婚であれば）子供の有無を問うことと並んで、最も話題に取り上げられる事項だという。その理由として、ある書籍では、これらは誰にとっても問題になる事柄であり、共通の話題として取り上げやすいからだという説明をしている。初対面の相手というのは、すぐに会話の材料にできることが無いから、とりあえず誰にとっても問題になることを話題にして、会話のきっかけを作ろうとしているのだというのである。この説明は、多分に中国人の感覚に基づいてなされているものであり、また中年以上の中国人であれば、実際にそう思っている人も少なくないかもしれない。

　日本でも、戦前までは初対面の相手に対して「おいくつでいらっしゃいますか」とか「お子さんは何人ですか」と

いった質問が挨拶代わりに頻用されていた。この種の挨拶表現は江戸時代から既に存在し、『東海道中膝栗毛』にも見られるという（金田一春彦『日本人の言語表現』）。落語にもあるが、相手の歳を尋ねて、たとえば「43です」と答えれば、「43とはお若う見える、どう見ても40そこそこにしか見えません」などとお世辞を言うのである。

　ただ、中国人が初対面の相手に収入の金額を問うのは、単に無難な世間話のネタであるという理由からではないように思われる。第一に、中国人は、上で述べた昔の日本人が相手の年齢を問う場合のように、たとえ相手の収入の額が多いとしても、それに対するお追従の類は言わない。つまり、相手の給与の額を問うという話題は、回答に対して世辞を言うための準備行動ではない。

　第二に、中国人が金額に関する質問を見知らぬ相手に切り出すのは給与や収入に限った話ではない。90年代半ばに、筆者は天津でナイキ（NIKE）のスニーカーを買った。新規開店したばかりの専売店で買ったのだが、当時の中国ではまだ珍しかった。店からの帰り道、横断歩道で信号待ちをしていると、横に立っていた見知らぬ中国人のおじさんが、いきなり「それ、どこで買った？」と尋ねてきた。ちょっと驚いたが、店の場所を教えると、すぐに続けて「いくらで買った？」と訊いてくる。筆者が買値を言うと、おじさんは「おぅ、そりゃ高いな」と捨て台詞を残し、スタスタと歩き去っていった。これはもはや世間話のレベルではない。通りがかりの見知らぬ人に対して、いきなりその

人が買った品物の値段を尋ねるというのも、日本人の感覚からすれば給与の額を問うことと同じくらい不躾であろう。だがこういった類の話は、中国ではそれほど珍しいことではない。

筆者は大学3年生の時（1987年）に初めて中国に行ったが、その旅の途中、長距離列車に乗っている時に周りの中国人から「トヨタのクラウンは1台いくらするのか？」「ホンダのバイクは？」と次々に質問された経験がある。その当時は、中国の一般庶民でクラウンを買えるような人は、まだほとんどいなかったように思われるが、それでも彼らは日本の製品の値段に関して根掘り葉掘り尋ねてくることが多かった。

重要なのは金額という「数値」

元来、中国人は買い物もしくは商品に関する話をする時に、値段についてあれこれ言及する率が高い。高価なものを買ったという自慢もあり、逆に如何に安く手に入れたかという自慢もあるが、自慢ばかりではなく、要は「金額」という客観的な数値の情報が重要な要素なのではないかと思われる。現在、北京の中心部で60平米くらいのマンションを買うといくらするのか、日本製のオムツはいくらで、中国製のよりどれだけ高いか、日本に行って高級化粧品を買う時に、デパートで買うのと空港で買うのとどれくらい値段が違うかなど、金額はモノの価値や相場を定める上で重要な基準であり、その情報を収集することで世の中の諸

事に関して価値観を形成しようとしているようにも考えられる。それは、こっちのスーパーより、あっちの方が卵が10円安いとか、あの人は年齢の割に給料が多いから、今度奢(おご)ってもらおうとか、そういった蓄財（経費節減）や損得勘定だけが目的なのではなく、もっと広い意味での情報収集である。

　上で述べた農村における質問で言えば、日本という国に平地がどれくらいあるのかということと、日本における中年の大学教員の給与がどれくらいなのかということは、いずれも数値化できることである。中国人の関心事は、こういった客観的な基準（数値）に基づく情報にあり、その集積により、現実世界の認識を構築したり、比較対照したりすることに積極的であるように思われる。

　初対面の相手に給与の額を問う意味は、相手が初対面であれば、その人自身に関する情報が乏しいわけだが、その予備知識に欠ける相手であっても必ず回答できる数値は自身の給与であるから、とりあえずそれを問うてみようということなのかもしれない。それにより、この年齢でこういう職業だと収入はどれくらいなのか、というひとつの情報を得ようとしているとも考えられるのである。また、給与はその人の一種の属性でもあるので、相手のことを認識するにも有益な情報となる。さらに言えば、給与は個人に関する情報だけでなく、生活水準などに関わるものでもある。数年前、筆者が中国で友人を介して数名の30代の中国人（いずれも初対面）と会食した時にも、彼らは半ば自主的

に自分たちの給与の額を言ったあとで、「北京だとこれでギリギリです。天津だと少し貯金できるかな」などと教えてくれた。そういった情報交換を、中国人は相手との関係の親疎にかかわらず日々行なっているのではないかと思われる。

中国では、2015年から"芝麻信用 zhīma xìnyòng"という個人または法人の信用力を数値化したスコアがある。アリババグループの子会社である企業の運営によるものだが、これは学歴や職業、クレジットカードの返済履歴やSNSなどでの交流関係、さらに趣味などを基準として、350点から950点の範囲でスコアを認定するものである。スコアは月1回更新されるが、高得点を獲得するとさまざまな優遇措置が与えられ、社会的な信用度も上がるので、人々は自分のスコアを上げるのに懸命であるという。信用度を点数化するというのも、やはり情報を客観的な数値で表そうという中国人の志向に適合しているのだろう。現在では、相手の給与の額を問うよりも、信用度スコアを尋ねる機会の方が増えているかもしれない。

本当の単なる世間話であるならば、日本人の多くがしているように天気の話題でも良いし、趣味の話でも良いし、また西洋人に見られるように、世界情勢や科学技術に関する話題でも良いわけである。世間話でも国や言語の違いによって、定型的に取り上げられる話題が変わる。そこには一般に皆が関心を寄せていること、相手の共感を呼びやすいか否か、あるいは逆にどれくらい無難であるか、習慣や

感覚によって興味の有無にかかわらず言えることと言えないこと、などといったいくつかの要因が働いて、話題の内容が取捨選択され決まっていくのだろう。

各国において国民の多くが一般的に取り上げるそれぞれの話題には、それなりの理由や由来があると考えられ、中国人の世間話にも、中国独自の個別的な事情や欲求、さらには趣向が介在している。世間話という次元で考えた場合、「誰にとっても問題になり、かつ話題として何ら憚りなく切り出せる」という事項は、決して世界共通ではなく、全ての国と言語に通じる普遍的な関心事というものは、むしろ存在しないであろう。

その意味において、中国人にとっては、「金額」に代表される数値という情報がひとつの重要なトピックであるように思われる。中国人は、天気の話だとか、世界情勢のような、人事に無関係なことや自分と直接関わりの無いような話題には比較的無関心であり、そういった事柄よりも、自身にとって有用な情報交換を旨とした話題を持ち出す割合が高いとも言える。それはやはり、中国人の有する「『虚』よりも『実』を求める」という思考の発露だと考えることができるだろう。

中国人は中身より「かたち」を重く見る

以上で挙げてきた事例を、さらに敷衍して述べると、中国人は「かたち」あるもの、リアルに存在を確認し、外観や数値によってその物量や価値を認識できることを重視し

ているということである。付加価値のような、かたちを持たず個人の思惑や感性から生み出されるもの、人によって主観的にさまざまに規定できるもの、概念的で抽象的なものには重きを置かないという傾向がある。中国の思想家で形而上の話をしたのは老荘だけと言われるが、現代の中国人の言動から見ても、実質に対する形式の優先という思考を認めることは十分可能である。

　"面子 miànzi"（メンツ・体面）は、中国人を論じる時に非常によく引き合いに出される特質であるが、面白いのは、中国語では"他面子很大 Tā miànzi hěn dà"（直訳：彼はメンツがとても大きい・広い）のように、「大小」で表すことがある。中国語の"面子"は、単なる個人の体面、すなわち世間に対する体裁という意味を表す語ではなく、権力や財産、名声、人脈や能力などを有していることを指すが、そういった要素が多ければ、その人の"面子"は「大きい」ことになる。中国語では"面子"にもサイズが存在するのである。属性を物量で捉えているとも言えるだろう。さらに言えば、"面子"という語は、そもそも「物体の表面」を表し、外観に属する意味を持つ。そこから虚栄という意味にリンクし、セルフイメージの満足という概念に繋がっていくのであろう。詰まるところ内面的な感情に関わる意味を表す語であるが、元の語義が外観とリンクしていることが興味深い。

　何度も触れることになるが、中国人の友人の里帰りに同伴して行った農村での話である。筆者が村を訪れた２日目

に、県だったか郷だったかの書記が訪ねてきた〔注：県と郷はともに中国の行政区画名。県が日本の市や町にほぼ該当し、郷は日本の村に近い。書記は共産党の各地方組織委員会の責任者〕。その書記は見るからに貫禄のある人で、堂々とした立ち居振る舞いであり、年齢も筆者より結構上に見えた。中国のお役人を生で見る機会はそう無いので、さすがに威張っているものだなと感じたが、あとで聞くとその書記は筆者と同い年であった。中国では一般的に、ある程度の役職や地位にある人は威張ることが多いし仄聞(そくぶん)するし、またそういう実例を目にしたことも何度かはあるが、上で述べてきたことと関連付けて考えてみると、ある程度以上の地位にある中国人は、それ相応の外観や態度を表に見せなければならないという感覚が備わっているのかもしれない。やたらと腰の低い局長とか、一見頼りなげな市長といった存在は、中国社会ではなかなか成立し得ないのではないだろうか。形式を重視するということからも、かたちは実質にともなっているか、あるいはそれを凌駕すべきだという思考が働いているように思われる。もちろん日本人にも威張る人はいるが、それは必ずしも地位とは関係なく、むしろパーソナルな内的要因に基づく場合も少なくないだろう。

　一方、日本人には、外観と実質の関係においてまったく逆の状況も存在し、それを好ましいと思う面もある。司馬遼太郎氏の小説（『真説宮本武蔵』）にある逸話をひとつ挙げると、江戸時代に、ある夜辻(つじ)斬(ぎ)りをしようと待ち構えている兵法自慢の二人の侍の前を、商家の隠居ふうの老人が雪(せっ)

駄履きでやってきた。良い獲物が来たと斬りかかると、驚くべきことに隠居は軽く刀を躱した。さらに執拗に斬りかかると、隠居は尻を端折って扇子を構えた。侍が何度刀を打ち下ろしても斬れず、挙げ句の果てには片方の侍が逆に隠居の当て身を受け、昏倒してしまった。残った片方の侍が、隠居が何者なのか尋ねると、天下に名人と言われた吉岡流の当主、吉岡憲法であった。

これはつまり、凄い人、偉い人が実質を覆い隠し、いかにも平凡で非力な外観を装うというパターンである。テレビドラマでも、越後の縮緬問屋の隠居で光右衛門と名乗り、土地の悪代官や無頼の者たちから爺いとか老いぼれ呼ばわりされていた人が、のちに印籠を出して実は天下の副将軍であることを明かし、その瞬間に視聴者の溜飲が下がるといったパターンが長年人気を博した。中国では、こういった事例はあまり存在しないのではないだろうか。

映画監督の伊丹十三氏は「失恋の痛みは映画では表現できない」と言った。また、サラリーマンは職場で役を演じている（役職が要求する仮面をかぶっている）から、俳優が演じにくい種目である、と述べ、「俳優は仮面のほうしか演じられない。鬼課長は演じられるけど、本来小心な男が鬼課長を演じているという二重性を演じられる俳優はほとんどいない。だから僕は会社を舞台にした映画を作りたいんだけど作る気になれない」とも言っている（『「大病人」日記』文藝春秋、1993年）。これは無論、映画という芸術のジャンルや俳優の演技を論じた際の発言であるが、ある意

味で可視可聴の世界における限界を物語るものであり、同時に「顔で笑って心で泣いて」に共鳴する日本人特有の内面的なものへの志向を表しているとも言える。日本人と比較した場合、中国人は抽象よりも具象、内包よりも外延に着目しつつ、世界を認識しようとしている側面が顕著に観察されるようである。

2．中国人に見る「現実主義」

既定路線よりも臨機応変を優先

ある時、参加者が60名程度の研究会に出席した。4名の発表者がいたが、前半の2名の発表が終わった時点で、「ここで20分休憩します。次は15時20分から始めます」と進行役の人が言った。手洗いに行く人、知り合いと雑談する人、お茶を飲む人などさまざまに休憩していたが、再開時刻の少し前、15時15分には概ね全ての人が席に着き、場内は静まって待機しているような状態になった。次の発表者も登壇し、司会者も席に着いている。

その時、筆者の真ん前に座っていた同僚の中国人研究者が、やおら振り返り、筆者に向かって「なんで始めないで待っているの？」と言った。「まだ数分時間があるからでしょう」と答えると、「でも、もう皆が席に着いているじゃないか」と納得がいかないご様子である。既に次の発表を始められるような状況になっているのに、なぜ律儀に宣

言した時刻まで待たねばならないのか、無意味ではないかと、不満気に時計を見ておられた。

　話は変わるが、周知の通り、日本の公共交通機関は乗り物の発着時刻が非常に正確であり、電車は規定の時刻に1分か2分遅れても、車内アナウンスで延着を詫びる。上述の同僚の中国人研究者の感覚では、これは少々度が過ぎる謝罪であるという。「2分遅れたからといって大勢にどんな影響を及ぼすのか？」ということであり、日本人は必要以上に細かすぎるとしばしば批評される。

　筆者は嘗て、友人を訪ねて北京に遊びに行った折、久しぶりに頤和園（Yíhéyuán）に行こうと思い立った。頤和園は清の西太后の避暑地であった庭園公園で、北京市の中心部から約20kmのところにある。今は地下鉄の駅もあり便利であるが、当時はまだ開通しておらず、市の中心から路線バスに乗った。頤和園は終点で、道路事情にもよるが、およそ40〜50分ほどはかかる。車内は比較的空いていて、立っている人は疎らであった。

　バスがちょうど全行程の半分くらいを走った頃に、車掌が突然「頤和園よりも手前のバス停で降りる人はいるか？！」と大声で言った。乗客は誰も反応しない。全員が終点の頤和園まで乗るようである。すると車掌は運転士に「降りる人無し！」と言い、そのバス（路線バスである）はスピードを上げ、ノンストップで頤和園に直行したのであった。我々乗客にしてみれば、突如として急行バスに変貌したことは嬉しいことだが、ふと、これから先の途中のバス停から乗

ろうとして待っている人はどうなるのだろうと思った。中国の路線バスのバス停には日本のように時刻表は無く、その意味においては1台くらい停留所をスキップしても分からないのか、あるいは、車掌の経験則として、後半の停留所から乗り込んでくる客はいないと判断したのだろうかなどと考えつつ、思わぬ展開にひとりで面白がっていた。

　明くる日、今度は中国人の友人と一緒に前門駅から地下鉄に乗った。前門駅は天安門広場の南にあり、市の中心部に位置する。夕方だったが、ホームでは大勢の人が電車を待っていた。しばらくしてホームに滑り込んできた電車にも沢山の人が乗っていた。電車からゾロゾロと人が降り、いよいよ乗ろうと思った瞬間に、電車の扉が突然シュッと閉まり、電車はそのまま走り去ってしまった。恐らくホームで待っていたほとんどの人が乗れなかっただろう。こういう光景は初めて見たので呆気(あっけ)にとられ、信じられないという表情で隣の友人を見た。すると友人が「たぶん電車が遅れていたので、早く出発して遅れを取り戻そうとしたのでしょう」と何事も無かったような顔で言うので、二度驚いた。上でも述べたように、日本の交通機関は発着時刻を厳密に守ろうとはするが、乗りかけている大勢の客を強引にシャットアウトして積み残してまで遅れを取り戻すようなことはしないだろう。

機転を利かせることに公私の区別は無い
　上で挙げた事例から、中国人は規則や決まり事に囚われ

ず、現場の状況を見て、より良い方法や対策があると思えば躊躇わずに実行しようとする性癖があると言える。尤も、これは中国人の専売特許ではなく、ほかの国にも当てはまる面があるだろう。1998年から2002年までサッカー日本代表の監督を務めたフィリップ・トルシエ氏は、日本代表選手たちが自主的にプレーについて考えないことを批判して、「赤信号でも車が来ない時は渡れ！」と選手たちに言い、その話は当時のニュースでも報道されて有名になった。信号を守るのは身の安全を確保するためであり、規則を守ること自体が目的ではないという趣意である（『トルシエ革命』新潮社、2001年）。

こういった事例などに鑑みても、そもそも日本人が、外国人に比べて規則や約束事を厳守する意識が高い国民性を有していると見るべきなのかもしれない。1995年冬に阪神・淡路大震災が発生した時、筆者は神戸に住んでいたが、地震の直後は高速道路やビルが倒壊し、交通やライフラインも麻痺して街の機能がほぼ停止したような状況になった。それを目の当たりにして、関西在住のある中国人研究者が「このような状況の中でも、お店の品物を略奪するような集団がまったく出てこない。日本という国は偉いと思う」と言ったことが非常に印象に残った。この点において、日本人は良い意味で多数派の国際的感覚とは異なっている面があるとも言えるだろう。

中国人が時に規則などを度外視し、現場の状況に応じて臨機応変に行動するという事例は、公私の別には関係が無

い。知人の中国人から数年前に聞いた話であるが、その人の祖父（中国在住）が、ある日体調を大きく崩し、その地域で最も規模の大きな病院に行った。診察の結果、高血圧が原因で、まずは血圧を早急に下げる必要があるという。高齢なので手術はできないから薬を投与するしかないが、その薬は極めて高価なものであった。しかもそれを2週間くらい毎日投与しなければならないという診断である。もちろん命には代えられないものの、薬の値段を聞いて一瞬戸惑いの表情を見せた家族に、医師は「この病院で投与するならば、薬代を3割引にしてあげますが、どうでしょう」と言ったそうである。

　また、別の事例であるが、中国人女性と結婚した日本人が自分たちの夫婦生活を描いている漫画がある。その中で、作者の妻が中国で自動車教習所に通っていた時、本来は、自宅近くの出張所から送迎車で遠く離れた大きな教習所に移動し、そこで教習を行なうのだが、ある日生徒が作者の妻ひとりだけだったので、その日はいきなり出張所近くの一般道路で路上教習をしたという話が紹介されていた。その時、作者の妻は車のハンドルを握るのが2回目だったそうである（井上純一『中国嫁日記』第4巻、KADOKAWA、2015年）。

　大病院の医師にせよ、自動車教習所の教官にせよ、自分の裁量で勝手に薬代を割引したり、仮免許も持たない初心者にいきなり一般道路で運転させたりしたことが明るみに出れば、日本ならば停職や解雇処分になりかねないだろう。

先に述べた停留所を大幅にスキップした路線バスも、客を乗せずに強引に発車した地下鉄も、やはり乗務員は職務中にそういった判断を下し実行したのである。中国人の現場対応を優先させようとする意識は、公的な立場よりもさらに上位に存在し、広範かつ一般の人々に均しく備わっているように思われる。

オンライン百科事典における記述内容の差異

百科事典のような類の文献における記述の仕方にも、言語の違いによって予想以上に相違点があるようである。インターネットの時代になって、誰でも簡単にさまざまなことを調べられるようになったが、ここで、一般に多くの人が閲覧している代表的なオンライン百科事典の記載内容を比較してみよう。

まず、ウィキペディア（Wikipedia）の英語版で"cat（猫）"を調べてみる。紙幅の都合で記述内容の全てをここに転載することはできないので、概要を搔い摘んで述べると、まず分類学的な記述と猫という種の歴史的進化について述べており、次いで各国語による学名とその語源に関する説明がある。そのあと生物学的な記述になり、ここで猫のサイズに関する説明が出てくるが、それは解剖学の欄であり、体重、身長に関する数値が示された直後に脊椎の数や頭蓋骨の説明が写真入りで書かれている。それが終わると、趾行動物（踵をつけずに足指で歩く動物）であるという説明が詳しく書かれている。ここで見出しが生理学に変わり、

体温や心拍数、呼吸数などの記載があり、それに続くのが栄養物摂取（何を食べるか）に関する詳細な説明である。それ以降は、猫の感覚や行動、社会、コミュニケーション、狩り、生殖、習性といった記述が連なり、最後に人類との相互関係について書かれている（https://en.wikipedia.org/wiki/Cat）。全体を通してさまざまな分野の学術的な記述から構成されており、猫の身体的特徴に関する記述も、医学的あるいは解剖学的なデータと説明が中心となっている。

　一方、中国の代表的なオンライン百科事典である百度百科で同じく"猫 māo"を調べてみよう。冒頭に概説が5行書かれているが、その中に、次の記述がある。

　　一般的猫：头圆、颜面部短，前肢五指，后肢四趾，趾端具锐利而弯曲的爪，爪能伸缩。夜行性。
　　一般的な猫：頭部が丸く、顔面部が短い。前脚に指が五本、後脚の指は四本、指先には鋭利で曲がった爪があり、伸縮可能である。夜行性。

　全て外観的特徴である。これに続く見出しのトップは"物种始源"（種の起源）とあるが、ここに毛の色の紹介があり、さらに「体の形状が狸に似ている」「見た目は虎のよう」などと書いてある。その次の見出しは形態的特徴で、指と歯の説明があるが、生後から老齢期までの年齢にともなう歯の特徴が記載されている。そのあとに、生活習慣、飼い方、品種という項目が続く（https://baike.baidu.com/

item/ 猫 /22261)。こちらも全ての記載内容を紹介することはできないが、百度百科の"猫"のページに書かれている記述は、睡眠時の猫の様態や潔癖性であること、個々の品種の外観的特徴など、かなり多くの部分が目で見て分かること、すなわち可視的情報源に基づく記述で埋められている。

　ただし、ここで注釈を書く必要がある。周知の通り、ウィキペディアも百度百科も、不特定のユーザーが執筆編集できるものであり、その内容と水準は項目によって非常に差がある。同じ百度百科で"狗 gǒu"（犬）の項目を調べてみると、上で紹介したウィキペディア英語版の"cat"の記載内容と非常に近く、犬という種の歴史、人類の文明との関係や知能指数、さらに解剖学的な解説なども詳細に書かれている。"狗"の項目ページの冒頭には、その記載内容が中国科学技術協会と百度百科の権威による審査を経ている旨が注記してある。一方、百度百科の"猫"のページには、審査を受けたという旨の注記は無い。犬のページと比べて記述内容や構成も大きく異なっており、猫のページは、恐らく犬のページの作成者のような専門的な知識やデータを持たない人によって書かれたものではないかと推測される。

　もちろん、"猫"のページもまったくの無審査ということではないだろうし、書かれている内容は真面目なものである。ただ、百科事典の記述としては、些か素人が作成したような内容にも見受けられる。もし専門知識を持たない

人が"猫"のページを書いたのであれば、記述の内容は一般的な人々の猫に対する認識や知識が多分に反映されている可能性が高く、それが概ね外観的特徴などの可視的な情報に集中していることを筆者としては非常に興味深く思ったわけである。

スポーツの実況中継

　中国は卓球王国として知られているが、日本も昔から強豪である。その試合の放送を見てみると、やはり日本と中国とで違いがあるように思われる。卓球の試合は、時には長いラリーが続くこともあるが、テニスやバドミントンと比べても競技をする面積が小さく、ボールを打ち合う時間的間隔も短いので、一瞬でポイントが決まることもしばしばある。ゆえに実況を伝えるアナウンサーがプレーの最中に話すことができる量にも制限がある。

　中国のアナウンサーは、選手のプレーそのものの描写をすることが目立つ。"高抛球！gāopāoqiú!"（投げ上げサーブだ！）や"下旋球！xiàxuánqiú!"（下回転サーブだ！）、あるいは"拉了，又拉了。Lā le, yòu lā le."（ドライブだ、またドライブだ）のように、サーブやストロークの打ち方の種類をそのまま言うことが多く、スマッシュなどが綺麗に決まった瞬間には"（打得）漂亮！（Dǎde）Piàoliang!"（［打ち方が］素晴らしい！）と言う。実況の伝達はプレーと同時進行で行なわれ、その多くの部分が、見たままの動きやプレーの方式を表す単語や語句で埋められる。

日本のアナウンサーも、「バックハンドのスマッシュがラインぎりぎりに決まりました」「返した、また返した」というようにプレーそのものを伝えることもするが、それだけではなく、たとえば「(○○選手には)決勝での怖さというものが感じられません」「来たボールは全て攻撃で返す、一本も守らないぞと、そういう意気込みです」「下がっていては勝てないと、心に決めているようです」「逆をついたのですが、しかし入りませんでした」などのように、気構えや決意、攻撃の狙いなど選手の内面に関わるようなコメントも随所に述べる。解説者も同様であり、技術的な説明もするが、以下に挙げる実例のように、多くのコメントが選手の精神面や心理状態に関して述べられる。

「先ほど一本ストレートに打って決まったので、張本選手が待っているんじゃないかなという思いがあって、プレーしたと思います」
「水谷選手、もしかしたら次のゲームのことを考えて、ちょっと後ろに下がってやってみようとプレーしているのかもしれないですね」
「サーブを出すタイミングも早くなっていますし、なんとかして崩してやろうという水谷選手の姿勢が窺えますよね」　　　　　　　（2018年　全日本卓球選手権の実況より）

　同じスポーツの実況中継であっても、中国人の場合は球の打ち方などの方式や外観的なありさま、すなわち、かた

ちとして伝わってくる可視的な情報を言語化し、眼に映るプレー自体をことばで描いていく要素が大部分を占めている。それに対し、日本人は見たままの姿や打ち方だけをそのまま言語化するだけではなく、プレーに対する評価や感想を添えて言うことも多く、また選手の精神状態や考えていることに視点を置き、プレーの組み立てや選手の表情などからそれを読み取り、推量して言及するという場面が多くを占める。この現象は、中国語と日本語という言語の母語話者の思考が、情報伝達のあり方とその内容を大きく左右していることの現れだと見ることができるだろう。中国人は視覚的に捉えることができる「外面（かたち）」そのものに注目し、一方、日本人は外面から推測される「内面（精神面）」により多くの意識を傾けるということである。

語学教育の方法における違い

語学教育の現場における教育法にも日本と中国での違いは存在する。中国の語学教育では、初級テキストにおいて"替換练习 tìhuàn liànxí"（置き換え練習）というドリルがある。実際のテキストから、ごく簡単な実例を挙げる。日本語訳と語注は筆者が付け加えたものである。

你是从哪儿来的？　　あなたはどこから来たのですか。
我是从<u>南方</u>来的。　　私は南方から来たのです。
|北方・广州（広州）・美国（アメリカ）・日本|
注）"从 cóng"（〜から）、"哪儿 nǎr"（どこ）

これは、対話で回答している方の文の下線部（＝"南方"）を、枠線で囲まれた単語で入れ替えて練習するというものである。中国では（というか中国人教員は）、教室で実際に単語を入れ替えて、"我是从广州来的。""我是从美国来的。"と全て学生に発音練習させる。この練習法は、繰り返しにより表現そのものを身体で憶えるという狙いとともに、入れ替えをすることで学習者の語彙数を増加させるという効果もある。要するに実践型に属する練習法である。このような訓練を倦むことなく繰り返すことにより、外国語の運用能力を一歩ずつ身につけさせるのである。
　外国語の習得には、一にも二にも練習が肝要であるということは、日本人でも否定する人はいないだろうが、実際のところはどうかというと、日本の場合、学習者が必ずしも教場で愚直に訓練を繰り返しているとは限らない。上で挙げた中国式の入れ替え練習を日本人の学生にやらせると、教室での緊張感が維持しにくい面がある。また日本人の教員もそれを延々と繰り返すことに消耗感を覚える人が少なくないだろう。つまり、この種の訓練は非常に機械的に行なわれるものであるから、知的好奇心が刺激されないという意味で飽きてくるのである。
　上で挙げた練習問題の会話文"我是从南方来的。"には、基本的な文法事項が二つ含まれている。ひとつは"是……的"という構造であり、これは既に行なわれた行為に対して、その場所や方法などに焦点を当てて述べる形式である。

日本語の「〜シタノダ」に該当する。ある品物を買った（ある個別の具体的な「買い物」という）行為について「どこで買ったノデスカ？」「新宿の伊勢丹で買ったノデス」や「どうやって来たノ？」「地下鉄で来たノデス」といった文に用いられる（下線部が焦点）。

　もうひとつは"从南方"で、これは英語の"from"と似た前置詞"从 cóng"（〜から）を用いたフレーズである。中国語は英語と同じく前置詞を使用する言語である。しかし、英語と異なり、中国語の前置詞句は述語動詞の前で用いる。ゆえに"从南方 来"という語順になり、英語の" come from the South"とは句内部の語順が逆になる。日本における語学教育の場では、このような文法事項の説明が教室で行なわれ、練習問題も説明から得た知識を用いて、言わば試験問題を解くように、自分で考え正解を導き出す形式のものが多数を占めている。上で挙げた中国の置き換え練習を実践型と呼んだが、日本の試験問題形式の練習問題は理論型と言っても良いだろう。

　無論、中国でも文法事項の説明はするし、穴埋めや正誤問題もある。日本でも暗唱や繰り返しの反復練習など、身体で憶えるタイプの訓練を積極的に課している授業もあるだろう。ただバランスの問題から言えば、やはり中国では総じて実践型の部分が多く、日本は理論型の部分が多いように思われる。それは両国でそれぞれ刊行されているテキストを見ればよく分かることである。

　中国で実践型の訓練方式が少なからぬ部分を占めている

のは、外国語を実際に身につけさせ、使えるようにしようという目的からであるのは言うまでもないが、同時に、逆の面から見れば、教室で理屈や説明をいくら重ねようとも、それは学習者自身の運用能力の向上にはあまり寄与しないという認識の反映だとも言えるだろう。つまり、「語学教育」という場においては理論よりも実践を重視するということであり、これは広義に考えれば、中国人が抽象概念に基づく事象へのアプローチと把握よりも、具体的な対象とそれに基づく実践を重視しているという姿勢の一環だと解釈することが可能である。

現実主義は儒教から伝承されている思想なのか

　以上、さまざまな実例を挙げながら、中国人が「かたち」あるものに着目し、理論や概念などの抽象世界よりも実践や現実世界における具体的でリアルな存在物を重視し、外観や数値化された情報などに強い関心を寄せていることを述べてきた。また同時に、中国人が既定路線や決まり事に拘泥せず、現場の臨機応変な自己判断に基づいて行動することが多いことも指摘した。これらの特徴は、現代の中国人に限ったことではない。逆に、数多の書籍で論じられているように、遥か古代から既に存在していた思考や感覚であるようにも思われる。儒教の考えや仏教の教義解釈に対する日本人研究者の分析にも、そういった記述が多く見られる。以下に該当する記述をいくつか引用してみる。

中国の人々にとっては、目で見たり耳で聞いたりして感覚でとらえることのできるこの現実世界が何よりも尊重されたのです。さきの仏教での真実世界のとらえ方、「立処即真——現実がそのまま真実だ——」というのも、それでした。感覚でとらえられるものを空無として否定することには、強い抵抗があったのです。抽象的な理論よりも具体的な事象をというのは、この感覚への信頼ということと深く関係しています。そして、それはまた、「言行一致」あるいは「言」よりも「行」というあの『論語』以来の実践重視の思想とも、通ずるものがあるでしょう。

（金谷治『中国思想を考える』中公新書、1993年、pp.53-54）

しかし、孔子は、人間は社会的生物であるという常識ももちろん肯定するから、その愛情や悲しみを〈形として〉表わし、共通の規則或いは慣行として守ろうとした。すなわち〈礼〉がその具体的表現である。儒教とは、人間の常識を形として（大小や数量など）表現することでもある。そして、この礼を守ることによって社会の秩序が成り立つと考えた。

（加地伸行『儒教とは何か』中公新書、2015年、p.113）

孟子がここに言う「権」とは、臨機応変・融通性ということである。要するに、「権」とは両端に物をのせてバランスをとる天秤のことで、これをさまざまなできごと

の価値を判断する場合にも用いたのである。孟子に言わせれば、自分の主義主張を曲げないのは融通のきかない偏狭であって、儒家はそれを認めない。儒家が貴ぶのは不偏不党で過不及のない中正の道、すなわち「中庸」であって、人間社会にあっては時と場合に即した対応をすることが求められる。

　社会生活には原則や規範は必要だが、時にその大原則からはみ出す場合がある。先の「経」が原理原則で、それに対立する概念を臨機応変の意を持つ「権」とした。必ずしも原則に合わない判断や原則に反する判断を、切り捨てることなく天秤にかける必要性を認めて「権」と定義し、「経」と「権」とのバランスを保つことが人間が人間らしく生きていく上で大切なことだと考えた。

　（串田久治『儒教の知恵』中公新書、2003年、pp.110-111）

以上に挙げた引用は、いずれも儒教に関するものである。しかし、現代中国人が現実主義であること——特に本書で述べてきた諸事例から見出せる形而下的な認識を志向することや、当為よりも実利を重んじること——と儒教との関係は、それほど直線的かつ単純ではないように思われる。言い換えれば、現代中国人の現実主義の源泉が儒教そのものにあるのかどうかは、さらに検討の余地があるということである。

儒教に対する現代中国人の意識

　司馬遼太郎氏は、1975年5月に井上靖氏を団長とする日本作家代表団の一員として文化大革命末期の中国を訪れ、20日間の滞在期間中に北京、西安、延安、無錫(むしゃく)、上海などの都市を巡った。その旅行記が、のちに『長安から北京へ』(中公文庫、1979年)にまとめられている。この旅行記の中で、司馬氏は儒教と中国人との関係について以下のように述べている。

儒教は二千年の歴史のあいだに思想として緻密なものになったが、同時に村落の倫理感覚のなかで生活化され、中国人にとって皮膚のような——剝ぎすてるのに困難な という意味で——ものになった。　　　　　（「孔丘の首」）

そして、さらに、次のようにも述べている。

　要するに、中国人は二千年来、論語という小冊子を読みつづけてきたのである。
　まことにわれわれの側からみれば驚嘆すべきことだが、一旦にしてその論語が、その体制のすべて——親族とのつきあい方から冠婚葬礼の仕方にいたるまで——否定された場合、空虚たらざるをえない。裸の者がいそぎ衣服をほしがるというより、皮膚を剝がれたようなものであり、いそぎそれに代るべき新たな思想でもって皮膚を作

らざるを得ず、これはそういうなりたちの国に生まれれば生理的とさえいえるほどの必死の要求であるといえる。七、八億という大人口による毛沢東語録の一斉唱和は、たとえ政治がそれを行政化して演出させたものであったにしても、人民個々の気持に本然のほとんど生理的な要求といえるほどにさしせまったものがこめられていないとも断言できない。　　　　　　　　　　　　　　（「琉璃廠の街角で」）

　司馬氏が上のような説を実感を籠めて何度も述べているのは、氏が公的な訪中団の一員として、国交回復後間もない中国政府の招いた正式な賓客として現地を見聞したことと大きく関係している。そこで日々展開するのは、まさに「礼」に基づく序列と様式の最たる情景であった。さらに、公的な立場の訪問者である司馬氏には、その資格においても、また当時の時代背景と中国という国家の状況から考えても、「私」としての一個の中国人と出会う機会は無かったとも言える。

　氏は旅行中に国家や体制というレンズを通して中国人を観察し、さらに古代から現代までの中国を2000年という一括(ひとくく)りの連続する時間に収め、時に自分たち訪中団を遣唐使に擬えるなど、時間を超越した同一性にも着目する。また歴代王朝を支配した民族の差異を捨象し、儒教を軸とした大民族としての観点からも中国人を把握しようとしている。その記述と分析は、当時の中国の事情を事細かに伝えたものであり、また深い洞察に基づくものであるが、爾後43年

という時を経て、社会的変化の著しい中国で暮らす現在の中国人と、個人として直接私的に交流している我々の目から見れば、目下の中国人の思想や意識は、当時の司馬氏の認識ほど全面的かつ密接に儒教と繋がっているわけではないようにも思われる。

　今を生きる中国人にとって、儒教の影響が根強く残っているところを挙げるとすれば、加地伸行氏（『儒教とは何か』）が指摘するように、その「宗教性」に属する部分ではないかと筆者は感じている。一言で言えば、若い世代は概ね親のことを気に掛けているということであり、逆に言えば親の子に対する干渉、制御性が極めて高いことである。その干渉の行き着く先は、我が子が子を成すことにある。これは1979年から2015年まで施行された"独生子女政策"（一人っ子政策）以後、非常に顕著な状況にある。

　また、中国では今でも清明節（冬至から108日目の節句で、古来先祖のお祭りをする。現在では、4月5日かその前後の日と定められ祝日になっている）には多くの人が墓参りをする。ただ、これらについても現在の中国人は、それが儒教の影響を受けてのことだという意識や実感に乏しいようである。端的に言うと、儒教の思想は老荘思想などと厳密には区別されず、一括して「中国の伝統的思想」というカテゴリーに属すものとイメージされ、「孝悌・孝道」はそういった伝統的思想の美徳から発した常識だというのが、今の一般の中国人の最大公約数的な認識のようである。

　無論、儒教と中国人の思想との間に深い関係があるのは

事実であるが、その「礼教性」、すなわち道徳に関する面については、周知のごとく、古くは秦の始皇帝から、時代が下って近現代では魯迅や毛沢東といった時の思想家や指導者によって幾度となく批判を浴びており、常に安定して順風のみを受けてきたわけではない。司馬氏が「剝がれた皮膚」と表現したのは、この儒教の礼教性に関わる部分である。それは往々にして政治的に、ほかの思想に取って代わられてきた。このことから、中国人は儒教によって現実主義になっているのではなく、むしろ現実主義であるからこそ儒教（の礼教性に属する部分）を否定した歴史を持つのだと考えることもできるだろう。

　専門家や個人的に儒教を信奉している人は別として、一般論を言えば、今の中国の青年たちは『論語』や『孟子』を通読しているとは言えない。筆者が得た情報では、中学校の語文（日本の国語に該当する）の教科書に『孟子』から短い文章が2篇抜粋されたものが掲載されており、また高等学校の語文のテキストとして計15課に編集された『《論語》選読』がある。『論語』の方がボリュームが多いのは、中国の"高考"（全国統一の大学入学試験）で『論語』の穴埋め問題が全体の5％分出題されるからだそうである。つまり、日本の中高生が漢文の授業で習うのと、そう大きな違いが無いといった現状である。

中国人の現実主義の礎をなす思考と感覚

　現代中国人に見られる現実主義が、側面的に古の思想と

繋がりがある観を呈している実態は、政治や学問による教化のみならず、各時代における中国（と今は呼ばれている国家もしくは地域）の人々が、どういった感覚を継承し、何を頼りにして日々の暮らしを送ってきたのかということとも大きく関連しているだろう。その根源的とも言える感覚は、ひとつは、遥か古代に眼前に存在する山川草木を象（かたど）って象形文字（日・木・鳥など）を作り、位置関係や状態などの抽象的な概念を記号的に可視化させ指事文字（上・本・立など）を作った感性に求めることができるかもしれない。

　漢字を創ったと言われる蒼頡（そうけつ）は、伝説上の人物で、黄帝の史官であったが鳥獣の足跡を見て文字を考案したと伝えられている。この人物の肖像画が明代の類書『三才図会』などに見られるが、驚くべきことに顔に目が４つ描いてある。それほどに観察眼が鋭かったということを表したいのだろうが、中国人がリアルな存在物に注目し、「可視的な情報」に重きを置くということは、既に蒼頡に端を発していたようにも思われる。その人の発明による（とされる）漢字を、それこそ中国人は3000年以上使い続けてきたのである。

　もうひとつ、まったく別の角度からの観点であるが、自分が生きていく指針、すなわち処世の道において、古来中国人は自己本位、すなわち、自分で考え自分で判断するということを旨として生きてきた背景があるとも考えられる。現代の中国についても、「中国人は政府や国をあまり信用

していない」という類の分析がよく見られるが、他力を頼まず、抽象的なことには重きを置かず、自分自身で実際に確認した事態や眼前に存在する事物を重視する認識と思考は、広大な国土の中にあって、何度か支配する民族の交代を経験しながら分裂と統一とを繰り返してきたこの国の歴史と深く関係しているとも言える。歴代王朝から現代に至るまで、この国の天下を統一する方法は、体制の差こそあれ、本質的な面では一貫しているとも言える。自分の力で考え、判断するという人々の資質は、遠くは歴史的な国家観にも起因しているかもしれず、結局頼れるのは己しかないという感覚は、自身が実際に見たものを中心に「かたち」あるものを重視し、他者や体制が決めたルールよりも、自己の判断を優先するといった指針を育んできたのではないだろうか。

　以上のことから考えて、「かたちあるものを尊重する」「自分自身で判断し実利を求める」という感覚や指針の源泉は、儒教の成立に先立つものかもしれず、もしそうであるならば、そういった感覚や意識にも基づきつつ、ひとつの思想として昇華し、完成されたものが儒教だとも言える。その源泉となる感覚と思考は、無意識のレベルで人々に継承されてきた。それはあたかも現代日本人の倫理観や価値観の基盤となっていることの多くが江戸時代、あるいはそれ以前の人々の考え方や感覚から継承されているように、中国古代の人々の考えや認識が、いくつもの時代と王朝や政権を経て、有形無形に現代の中国人の価値観にまで影響

を及ぼしているということである。また、そういった価値観の底流にあるものは、たとえば多くの日本人が桜の花を見て美しいという以上の感慨を覚えるような、むしろDNAによる遺伝のように、意識下のレベルで備わっているひとつの感覚だと言えるかもしれない。

　現実を重視し、理念や法則に拘らず、抽象的概念よりも具体的存在とその形態といった客観的な基準に基づき世界を認識しようとする現代中国人の思惟と感覚は、個々人の個別な性格や志向によるものではなく、一般に広く中国人の振る舞いや態度などから導き出されるものである。そして、その思想は本書の考察からも明らかなように、現代中国人の日常の「ことば」のやり取りや運用からも随所に観察することができるのである。

言語は変化するが、思想と感性は受け継がれる
　日常の言語使用の様相、すなわち「ことば」の使い方や表す意味、好んで用いられる言い回しなど、人々の日常生活に広く関わっている数々の実態は、人間の世代の違いにおける感覚の差とも似て、10年20年という時を経るうちに変化していくものである。本書でも、現在の青年期から壮年期にかけての中国人の感覚や、近年の文学作品および各メディアから得られる情報に基づき、現在と1970年代から80年代における中国人の言語的振る舞いとの間に見られる相違点について、いくつかの実例を挙げて指摘と分析を行なった。それは主として時代や世代、つまり時間的な

「縦」の流れによる変化であったが、ことばの変化や変形、あるいは一種の派生や組み替えのような現象は、必ずしも世代を跨いで時代区分的に発生するものとは限らず、同世代同時代における「横」の領域でも観察できる。

現代の日本語で卑近な例を挙げれば、芸能人がコーヒーのことを「ヒーコー」、六本木のことを「ギロッポン」のように単語を逆さまにして言う業界用語がそれに該当する。これは何も芸能界に限ったことではなく、医師には医師の隠語があり、商店や役所、交通機関や出版界や漁師など、あらゆる業種や社会において、そこに属する人しか分からない「ことば」の成り立ちと用法がある。

同じ母語を使い、同じ時代に生きる人同士であっても、全ての人が同じように「ことば」を使い、しかもそれが何十年も継続するというようなことはあり得ない。人間はそこまで単調な言語の使用に耐えきれないのである。

また、人間を取り巻く社会や国家の変貌や変化も、言語の使用に大きな影響を与える要因となっている。現在の中国がまさにその状況にあり、その一端については本書でも事例を挙げて考察した。要するに、言語（ことば）というものは大なり小なり変わっていく宿命にある。

一方、同じ国に住む人間には、その国や社会独自のものとして、何十年あるいは何百年という時を遡っても、業種や地方の差も乗り越えて、共通かつ不変の思考や感覚が存在する。ひとつの比喩を挙げれば、味噌や醬油は（諸説あるようだが）奈良時代には我が国に存在し、室町時代には

現在と同じような品質のものが国内各地に拡散して、生産されていたそうである。そして、それから何百年も経った現在でも、日本各地で暮らす人々の毎日の食事に欠かせないものである。

　世界各国の料理が選り取り見取りで食べられる世の中になった今でも、日本人は味噌と醬油を手放さず、むしろ深い愛着をもってこの発酵食品を使い続けている。ひとつの国の国民ないし同じ民族の人々が時代や地域を超えて不変的に有している思考や感覚は、言わばこの日本人と味噌や醬油との関係にも似て、自分たちの存在と一体化したようなものとなっているのではないだろうか。日本人の場合、「謙遜」であるとか「恥」といった意識や感覚が本来それに該当するものなのかもしれない。

　本書は、現代中国人のことばの使用に関する実態と、日常の言動に見られる諸現象から、中国人に共通する普遍的な思考や感覚を抽出し、その世界認識と行動の基準や規範を見出すことを試みた。一連の考察から得たひとつの結論は、中国人が現実に存在する「かたち」あるものを重視し、抽象よりも具象を志向し、現場の状況に鑑みて自分で判断し実利を重んじるといったことである。それは、これまで夙に指摘されているように、欧米人が「分析」を好むのに対して、中国人は「分類」を好むといった傾向などにも通じることであろう。そういった中国人の思考や感覚の中核を占める部分は、まさに中国人の存在と一体化したものであると考えられるのである。

第5章　言語システムに侵食する思考と感覚
──法則の背景に存在するもの

「文法」とは何か、ということを一言で述べるのは難しいが、非常に概括的な言い方をすれば「言語において、音声が意味と結び付く体系」であり、より具体的には「語や句、文や段落（口語では談話）を構成する際に、各要素の結合に関与する法則」と言って良いだろう。「法則」である以上、母語話者の感覚（すなわち語感）においては本来個人差の介在する余地は少なく、一定の条件の下では共通の許容範囲内で成立すべきはずのものである。

ところが中国語という言語は、その点において些かユニークな面がある。文の容認度や規範的判断において、比較的大きな個人差が見られるのである。筆者のような非母語話者が中国語の文法について考える場合、分析や考察を行なう上で、常に母語話者の判定を仰ぐ必要が生じる。ある文が文法的に正しいか、こういう状況でこの文を言っても問題無いかなど、語感に乏しい我々は、こういった点に関しては中国人の感覚に頼るしか術が無い。しかしながら、複数の中国人に同じ質問をしても、その回答が必ずしもまったく同じであるとは限らない。

筆者は嘗て、ある文法事項に関して15名の中国人に対して聞き取り調査を行なったことがあるが、その結果は個人差の開きにおいて最たるものであった。中国語には、動詞の直後につけて完了した行為を表す"了 le"という助詞がある。この用法について調べるために、完了した事態を

表す種々の文を10例作成し、いずれも動詞の直後にカッコをつけて、そこに必ず"了"が入るもの、逆に"了"を入れてはいけないもの、どちらでも良いものを判定してもらった。15名の回答はすぐに戻ってきた。結果を見て分かったことは、15名中、10例の文に対してまったく同一の判定を下した人がいなかったことであった。全員の回答が、必ずどこか他者と異なっていたのである。日本人に日本語の文法に関する質問をした場合、これと同様の事態が起こる確率はかなり低いであろう。

　このことは、決して中国語には文法が無いということを意味するのではなく、的確なポイントを踏まえて十全な調査分析を行なえば、中国語の種々の言語現象に対してそれを生み出す法則を認めることは可能である。ただ、日本語と比べてみても、中国語の母語話者の言語に対する個別的感覚が、より多様性に富んでいるのは事実である。それは、本書で何度も述べてきたように、中国人が「自分で考え、独自に判断する」という思考を旨としていることと決して無関係ではないようにも思われる。中国語にも法則自体は存在するが、母語話者個人がそれから逸脱する度合いが強いのだと見るべきかもしれない。

　以下、本章では、これまでに述べてきた中国人の思考や感覚が、文法という言語のシステムにも反映されていると思われる事項をいくつか取り上げ、それらについて筆者なりの所見も交えつつ考察を加える。一定の原理で統一的に組織され、秩序が存在すべき文法体系の中にあって、中国

人の世界認識や感性といったものが侵食し、水面下で関与していると思われる実態を見ていきたい。

1．「五感で捉える」属性を表すことに偏る文法形式

　中国語には、"重叠式 chóngdiéshì"（重ね型）と呼ばれる語レベルの文法形式が存在する。これは"Ｘ"という語を"ＸＸ"のように二つ重ね連続させて構成するもので、動詞や名詞などいくつかの品詞に見られるものである。品詞の別を問わず、全ての重ね型に共通している意味特徴は、類的あるいは抽象的な概念ではなく、実際に存在する具体的、個別的な事物や行為について言及することにある。たとえば、動詞の基本形を用いた"看书 kàn shū"というフレーズは、概念的に（あるいは行為の類型として）「本を読むこと・読書すること」を表す。一方、動詞を重ね型にして"看看书 kànkan shū"とすると、中国語のテキストでは「ちょっと本を読む・本を読んでみる」というように、行為の軽減化や試みに行なう意が加わると説明されているが、より本質的には、当事者（話者自身や文の主語である人物）が、ある時ある場面で「本を読む」という行為を実際に行なうという「実働モードの行為」を表す形式であると捉えることができる。

　形容詞にも重ね型がある。たとえば"红 hóng"（赤い）を例にとると、その重ね型は"红红的 hónghōngr de"と

なる。形容詞の重ね型は、中国の東北方言ならびに北方官話（官話は清代までの公用共通語の名称）においては、基本的に二つ目の文字を高平の第１声で発音し、"儿化"という舌を反り上げる音韻変化を加え、さらに原則として"的"という助詞をそのあとにつける。また、形容詞が"干净 gānjìng"（清潔である）のように二文字（ＸＹ）の場合、その重ね型は"干干净净的 gānganjingjīngr de"というふうにＸＸＹＹのかたちになる。

重ね型が名詞を修飾する場合は、たとえば"大队长李金勇，高高的个子，黑黑的脸颊。"（大隊長の李金勇は、スラッとした背丈で、色黒の顔である）のように、具体的、個別的な事物や人物の属性を描写的に表す場面などで用いられる。

日本語で、形容詞を２回続けて「高い高い山」や「長い長い話」などと言うと、程度がかなり強調されるが、中国語の場合はそうではない。嘗て朱徳熙 Zhū Déxī（1920年 - 1992年）という中国語文法研究の大家が、形容詞の重ね型が名詞を修飾する場合は程度の高さを表さず、「軽微な程度、ちょうど良い具合、親しみや慈しみ」を含意するという指摘をした（《现代汉语形容词研究》《语言研究》1956年第１期）。この指摘は現在に至るまで定説化し、影響力を保持している。中国語のテキストや参考書でも、そのように解説されているものが多い。以下、このことについて、少し考えてみたい。

形容詞の重ね型が用いられる際、殊に抽象名詞ではなく具体的な事物や人物の属性を表す場合の実態として、視覚

的に捉えられる属性を中心に、味覚、触覚など発話者の五感で捉えられる属性を表す用例の比重が大きいことが特筆すべき事項として挙げられる。

たとえば、"聡明 cōngmíng"（賢い）という形容詞には重ね型そのものが成立しない。"聡明孩子 cōngmíng háizi"（賢い子）は成立するが、"*聡聡明明的孩子"は成立しない。これは、背の高さや顔の丸さ、色の黒さなど「大小、形状、色彩」などを表す属性と異なり、聡明であるという属性は、ある子供の外観を見ただけでは即座に判断しかねるということに起因していると考えられる。また、"差 chà"（悪い・劣っている）、"次 cì"（技量や品質が劣っている）、"対 duì"（正しい）などの形容詞にも重ね型が存在しない。"差 chà"と"次 cì"はマイナスの意味を表すからという理由も指摘されてはいるが（形容詞の重ね型は「ちょうど良い具合、親しみや慈しみ」という意味を含むので、固定的にマイナスな意味を表す形容詞には適応されないという理由）、これらの語の表す属性は、やはり一見して即座に分かるものではなく、当該人物の成績や話す内容、品物の性能など、ある程度の時間をかけて知的に判断することを必要とするものである。ゆえにプラスの意味を表す"聡明"（賢い）や"対"（正しい）と同じ理由で重ね型が成立しないのだとも考えられ、そうであるならば、形容詞の表す意味のプラスマイナス自体は決定的な基準にならないということになる。

要するに外観とは無関係で中身について抽象化して捉え

る属性を表す形容詞は、重ね型を持たないと考えることが可能である。さらに、"厚脸皮 hòuliǎnpí"は日本語と同じく「厚い面の皮＝厚かましい」ことを意味するが、このような比喩を表すイディオムも"厚厚的脸皮"のような重ね型を用いた表現を構成することはない。もしこの表現が成立するとすれば、それは文字通り顔面の皮膚が物理的に分厚いこと（のみ）を表す場合である。

重ね型は話者が知覚した属性を報告する形式

　先に、形容詞の重ね型が名詞を修飾する際には、「軽微な程度、ちょうど良い具合、親しみや慈しみ」を含意するという朱德熙氏の指摘を紹介した。このことについて朱氏は、"高孤拐 gāogūguǎi"（高い頬骨）や"黄脸 huángliǎn"（凶暴そうな顔／黄ばんだ顔）など、悪い形相を表す語句であっても、形容詞を重ね型にすれば「好ましく、可愛らしい」というプラス評価を含意するとして、次のような例を挙げている（以下、例文の発音記号は省略する）。

　<u>高高的孤拐</u>，大大的眼睛，最干净爽利的。
　<u>高い頬骨</u>で、大きな目、極めて清潔でさっぱりしている。
　　　　　　　　　　　　　　　　　　　　　（《红楼梦》第61回）

　しかしながら、コーパスや小説などの言語資料を調べていくと、形容詞の重ね型を用いている文であっても、全ての用例が押し並べて「好ましさ、愛らしさ」を表出してい

るわけではないことが分かる。

　"体委张"站起来了。他近40岁的年纪，<u>矮矮的个头</u>，瘦干干的身架，作为一个男子汉，似乎显得不够气派。
「スポーツ委員の張」は立ち上がった。彼は40に近い年齢で、<u>低い背丈</u>で、痩せ細っていて、一人前の男としては、どうも貫禄が足りないようだ。
　　　　　　　　　　　　　　　　　　　（李延国《穆铁柱出山记》）

　上の例では、直後に「痩せ細っていて、貫禄が足りない」という表現が続いており、それらと並列されていることから分かるように、"矮矮的"（背が低い）は明らかにマイナスの意味を表す文脈の中で用いられている。
　さらに、次の例では、前後の文脈により、重ね型の表す程度が「軽微」または「程良い」とは到底考えにくく、また意味の面からも決して「好ましい」様態ではない。

当脑颅被打开后，昔日美丽的龚澎已不成样子，<u>深深的刀痕</u>，<u>厚厚的绷带</u>，脸色蜡黄。周恩来说："我不愿意看到龚澎这样子，看了我就难过，以后我不来医院看她了。"
頭蓋が開けられたあと、以前は美しかった龚澎は見る影も無くなっていた。<u>深いメスの痕</u>、<u>厚い包帯</u>、顔色は土色であった。周恩来は言った。「私は龚澎のこのような姿を見たくない。見れば辛くなる、もう彼女に会いに病院に来ることはしない」
　　　　　　　　　　　　　　　　　　　（张容《一言难尽乔冠华》）

また一方で、毀誉褒貶(きよほうへん)の意味や好悪感がいずれも差し挟まれてはいないと見なせる次のような例も存在する。

就这样，耐克公司的前身——蓝绶带公司诞生了。这家<u>小小的公司</u>，由耐特、鲍尔曼等几个人组建，资产只有1000美元。一年后，日本方面送来200双运动鞋，公司才正式开始营业。
このようにして、ナイキの前身——ブルーリボンスポーツ社が誕生した。<u>この小さな会社</u>は、ナイト、バウワーマンら数名で作られ、資産はわずか1000ドルであった。1年後、日本側が200足の運動靴を届けて来て、会社はようやく正式に営業を始めた。
（张剑《世界100位富豪发迹史》）

厳密な分析は、さらに詳しい調査を俟(ま)たねばならないが、形容詞の重ね型が用いられると、話し手（書き手）の「ちょうど良い、好ましい、愛らしい」という評価が含意されるという分析は、決して全ての用例に該当するとは言えず、コーパス資料などで実例を見ている限り、プラスマイナスの評価において中立的な文や、マイナスの意味を含む例の存在も少なからず認められる。こういった事実から考えて、形容詞の重ね型という形式そのものには、程度の適切さや好感といった固定化された主観的評価が必然的に備わっているとは言い難い。

むしろこの形式は、話者が自ら知覚し、判定した個別的で具体的な属性を描いて報告するという意味機能を持ち、

第5章　言語システムに侵食する思考と感覚

評価に関しては「中立」の立場にあると考えられる。

　たとえば、"短腿 duǎntuǐ"（短足）というのは、日本と同様に中国でも褒められる容姿ではない。「(胴長)短足」という概念には、通常マイナスイメージが付帯している。それを"短短的腿"のように重ね型を用いて表すと、そういった概念として付帯している人々の固定的イメージや評価が捨象され、専ら話者が知覚し判定した属性だけを描いて表明することになるのである。

　つまり、"短腿"（短足）は「格好悪い」ということを意味するが、"短短的腿"は物理的に足の長さが短いことを描写しているだけだということである。重ね型の使用は、言わば写実画に描いて見せるのと同じであり、話者が対象を観察すれば「こう見えた」という実況報告である。評価のイメージが付帯していないということは、先入観や固定観念から解放されているということであり、その形式は褒める文脈にも、また貶す文脈にも、さらにはどちらでもない文脈にも現れることが可能である。

　上で、"短腿 duǎntuǐ"を例に挙げたが、重ね型"短短的"の実例をコーパスで見てみると、これが修飾する名詞は「時間」を表すものが多いことに気付く。しかも"短短的10分钟"（短い10分間）という本来長くはない時間を修飾する例がある一方で、"短短的几十年间"（短い数十年間）のように時間そのものは結構な長さを有している用例もある。結局「短い」というのは話者の主観的な判定であるが、それを補佐し決定づけるのはその場の状況や文脈である。

たとえば国や民族の歴史的な争いについて述べる場合、その長い歴史の中の「数十年」を短い時間と捉えることは十分可能である。

以上述べてきたように、形容詞の重ね型は話者が主観的に認定した属性を、そのまま「描き写す」ための文法形式である。この形式自体には程度や評価の面で固定的な意味特徴は備わっておらず、さまざまな文脈に登場して対象の属性を描く。専らそういった機能のためだけにひとつの文法形式を備え持っているというのは、中国語のユニークな文法的特色であるとも言えるだろう。

先にも述べたが、朱徳熙氏の論文では、"丑 chǒu"（醜い）や"脏 zāng"（汚い）などマイナスな意味を表す形容詞は重ね型にはできないという指摘がある。しかし、現在の言語資料では（多数とは言えないが）こういった形容詞の重ね型の用例も観察される。朱氏の論文発表から60余年の時代の流れを経て、重ね型の使用実態にも少しずつ変化が見られるようである。

重ね型の本務は事物や人物の特徴的属性を話者が知覚したままに描くことを旨とすることにあり、それは中国人の「かたちあるものに着目し、重視する」という思考や感覚と密接な繋がりがあると捉えることができるだろう。重ね型というひとつの文法形式の使用が、視覚を中心とした感覚によって判断可能な属性表現において顕著であるという特色は、他言語と比較しても、中国語に特有のものであるとも言え、それは、中国人の持つ普遍的な感覚に根差した

文法現象であるとも考えられるのである。

2．自分の実体験に基づく評価を述べる語彙

　程度が高いことを表す語として、日本語では「とても・たいへん・極めて・非常に」などの語がある。これらの語は日常会話で友人知人と気軽に話す場面で使うよりも、公的な場や文章を書く時に用いる頻度の方が高いものである。一方で、口語表現に特化したものとして、たとえば「すごく」を音韻的に変化させた「すげぇ・すんごく・すごーく」などのバリエーションがあり、また「えろう・ばり・めっちゃ・でら・なまら」など、各地方にもそれぞれ独自の語が豊富に存在する。80年代くらいから若い世代を中心に「チョー（＝超）」（チョー美味い）という言い方が生まれ、これはある程度広い年齢層でも使われているようである。また近年では、やはり若い世代を中心に「クソ」（クソ可愛い）を使う用法があるが、これはインターネットからの流行かもしれない。

　中国語の程度副詞も、一見日本語と似た状況にあり、"很 hěn"（とても）、"非常 fēicháng"（非常に）といった主として公的な場や文章で用いるもの以外に、専ら口語で用いられるものや、各地方に独自の語彙も存在する。その中で、"挺 tǐng" という主に北方で口語表現に用いられる副詞は、話者自身が実際に体験して知り得た属性の程度につ

いて用いられる頻度が非常に高いものである。さらに、この副詞が表す「程度の高さ」は話者独自の評価であり、他者との共通認識ではない。次の対話からも、そのことは見て取れる。

杨：唱歌后来，我们公司有一个长得有点神乎的一个老师，他就说杨岗丽这个名字好像不太适合唱歌。
鲁：其实也挺好听的，我觉得。
杨：但是是不是有点像男孩子的名字。
鲁：有一点点，就是那个岗字。
楊：（私が）歌ったあと、我々の会社にちょっと奇妙な先生がいたんですけど、その人が楊崗麗という名前は歌を歌うにはあまり向いていないのではないかと言ったんです。
鲁：でも、<u>とても</u>いい響きですよ、私が思うに。
楊：けれど、ちょっと男の子の名前みたいでしょ。
鲁：ほんの少しね、その崗の字がね。

(《鲁豫有约》杨钰莹做客)

上の対話は、インタビュー番組で、ホスト役の鲁豫 Lǔ Yù 氏が女性歌手の杨钰莹 Yáng Yùyíng 氏にその芸名の由来を尋ねている場面である。本名の杨岗丽 Yáng Gǎnglì という名前に対して、鲁豫氏が「（名前の発音が）とても響きが良い」と評価しているのはあくまでも鲁豫氏の個人的な認定であり、当の杨氏は男性の名前のようだと反論している。ちなみに、このインタビューの導入部で、鲁豫氏

第5章 言語システムに侵食する思考と感覚　233

は"见到杨钰莹,觉得她真的<u>很漂亮</u>。"(楊鈺瑩さんにお目にかかって、彼女は本当に<u>とても美しい</u>と思いました)と述べているのだが、ここでは程度副詞に"很 hěn"(とても)が用いられており、使い分けが見て取れる。"很"は、客観的な評価に対して用いることも可能であり、この文は、誰から見ても杨钰莹氏が美しいということを含意した表現である。

また、"挺 tǐng"は程度が高いことを表す副詞であると言われているが、次の例のように、決して極めて高い程度を表しているわけではない文脈で用いられることもある。

陈独秀随便翻了一下,便说:"文字写得<u>还可以</u>,<u>挺流畅的</u>,可是观点错误,矛盾百出……"
陳独秀は気の赴くままにちょっとページをめくって言った。「字は<u>まだまぁましで</u>、<u>そこそこ流暢だ</u>。しかし観点は誤っていて、矛盾百出である……」

(胡兆才《毛泽东尊称瞿秋白为老师之缘由》)

"还可以 hái kěyǐ"というのはギリギリ合格よりは少し上といった程度を表すので、その直後にある"挺流畅的"が極めて高い水準にあることを意味しているとは考え難い。もし高い水準を表しているのであれば、それは、あたかも日本語で「彼の英語は<u>まずまずだけど</u>、<u>すっごく流暢だ</u>」と言っているような文であり、意味の通りにくい組み合わせになってしまう。

逆に、"挺 tǐng"は極めて高い程度表現とともに現れることもある。

大家看到这种甲壳虫非常漂亮，条纹都挺漂亮的，黄色的，非常好看。
皆さんこの甲虫が非常に美しいのをご覧になりましたね、縞模様(しま)もとても美しく、黄色で、非常に綺麗です。

（张润志《警惕外来动物入侵》）

この文では、"挺"のフレーズの前後に"非常 fēicháng"が用いられており、そのことから"挺"も極めて高い程度を表していると見ることができる。
　"挺"のように、話者自身が直接体験した情報に基づいて評価した属性の程度を表すことが優勢な副詞は、上海語（ほか南方方言）の"蛮（～个）"や紹興(しょうこう)方言の"来得个"のように、各地域にも種々存在する。恐らく中国の多くの方言に備わっているのではないかと思われる。このように「情報源が話者自身の体験に基づくか否か」といった基準で程度副詞の使い分けをしている言語は決して多くはないだろう。日本語にも先に述べたように程度を表す副詞自体には豊富なバリエーションが存在するが、それは概ね口語か文語かの区別、または公私のモードにおける使い分けが主とした基準であり、情報源が直接体験したものか否かで副詞を使い分けているということではない。この基準は中国語に特有のものではないかと思われる。

客観的に判断しても極めて高い程度を有していると認められること、また、自分の実体験ではなく知識やデータなどから得た情報に対する程度表現には、次の例のように、主として"很"や"非常"が用いられる。

火星上的空气<u>非常</u>稀薄，就等于地球上面几十公里高的地方那里的空气，而且火星上的温度<u>也很差</u>，白天和晚上温度相差几十度，白天比方说零上多少度，晚上成了零下一百多度了，就是<u>这种</u>恶劣的气候。
火星の空気は<u>非常に</u>希薄で、地球上空数十キロの高さの空気と同じである。しかも、火星の温度も<u>かなり</u>隔たりがある。昼間と夜の温度差が何十度もあり、たとえば昼間はプラス何度かで、夜はマイナス100度余りにもなる。こういった劣悪な気候なのだ。

(李元《秋夜看火星》)

地球の上空10キロを超えると人間は呼吸をすることが困難になるそうなので、数十キロの高さと同じ空気は間違いなく希薄である。また昼夜の温度差が100度以上というのも想像を絶するような大きな数値である。こういった事態の程度は誰から見ても極めて高く、また、人類は誰も火星の地に立ったことが無いので、実体験として語れることではない。このような程度の高さを表す時には、"挺 tǐng"を用いることはできない。

人が下すさまざまな評価の中には、客観的で共通に認識されるような評価がある一方で、たとえば、オリンピック

の体操やフィギュアスケートで、同じ演技を見ても審査員の点数にバラつきがあるように、個人の裁量に基づく主観的な評価認定も存在する。中国語は、その両者を区分して程度副詞を使用しているということであり、その基準が設けられている背景には、「数値などの客観的基準を重視する」ということと「自分自身で判断する」という中国人が普く有する二つの思考の存在が関係しているようにも考えられる。"挺"などの副詞の使用により、「これは私自身の体験に基づく、私個人の評価である」ということを語彙の選択によってマーキングするのである。中国人が数値やサイズなど、客観的な基準を重視することは第4章で述べたが、そういった基準とは異なる「個人の主観に基づいた程度の認定」というのは特殊な基準によるものと言え、特殊であるがゆえにそれ専用の別の語を用いて区別できるようにしておこうとするのである。これは言語学の「有標性（markedness）」という概念に該当する(注)。"挺"は結局、個人の判断における（ある一定のレベル以上の）高い程度の認定を表すものであり、主観的な評価であるがゆえに、その程度に幅があるように見えるのであろう。そこが客観的、絶対的な認定との間の相違点でもある。

3．会話や段落における「かたち」の影響

日本語は「主題化構文（題述文）」が非常に豊富に存在

する言語である。日本語の主題化構文では、以下の例文のように、主題化マーカー（提題助詞）の「は」を用いて、主題（Topic）となる語句を文頭に置き、そのあとに陳述部（Comment）が続く。

　a．東京の水道水は、昔よりも味が良くなった。
　b．この町は、全面的に歩行禁煙を実施している。
　c．パソコンは、私は素人なのでよく分かりません。

以下では、主題化構文のうち、「日本酒は、私は飲みません」のように、本来の格関係を表す文「私は日本酒を飲みません」においては文中の述語動詞の目的語（対格［ヲ格］）となるべき成分が、助詞「は」をともなって文の先頭に置かれ、「主題」となるものを取り上げて中国語との比較を行なってみる。

中国語も日本語と同様に主題化構文を持つ言語であるが、両言語における使用実態はまったく同じというわけではない。日本語の方がより自由に豊富に主題化構文を使用することができる。日本人作家の小説とその中国語訳の対照により、実態の一端を見てみよう。下線を引いた文がすべて、考察対象となる主題化構文である。

　スピッツ男は運転席に滑り込むと、ドアを閉めた。エンジンはかかったままだった。アクセルを吹かす音がした。
　助手席側にいた痩身の男が、「そのバッグは置いてい

け」と響野に言った。
「いや、これは」そこではじめて響野が怯んだ。
「車はやるんだ。バッグはいらないだろう」成瀬の顔も曇っている。
「バッグがなくても車は車じゃないか」響野は喚いた。
「バッグは不要だろうが。タイヤもハンドルもつけてやるかわりに、バッグはまけてくれてもいいじゃないか」
「いいから、置いていけ。つべこべ言ってると、この女を殺すぞ」　　　（伊坂幸太郎『陽気なギャングが地球を回す』）

　　狐狸犬溜进驾驶席，关上门。车并没有熄火，油门声随即响起。
　　副驾驶座这边的男人随即对响野说："把包留下。"
　"别，这个包……"响野慌张起来。
　　成瀬的脸也立时阴了下去。"车可以给你们，包应该不用吧。"
　　"就算没有包，车不还是车吗？"响野喊道，"这包你们也用不着。轮胎啊方向盘什么的全部都给你们，包就留给我们不好吗？"
　　"少废话，包放那儿！再啰唆就杀了这女人！"
　　　　　　（《阳光劫匪玩转地球》代珂译，南海出版公司，2014年）

主人公のギャングが銀行を襲って逃走中に、別の悪漢たちと遭遇し、奪った金を車ごと強奪される場面である。最初の「そのバッグは置いていけ」（波下線部）だけが中国

第5章　言語システムに侵食する思考と感覚　　239

語訳では主題化されていない（"包"が文頭に出ていない）のだが、これは「バッグ」が文脈上、ここで初めて登場したことに起因していると考えられる。つまり、中国語では、いきなり出てきた（対格の）名詞が主題になるという頻度が、日本語に比べて低いのである。特に、その初出の名詞に「ほかのものは別として、これは」という「取り立て」の意味が強く籠められている場合、中国語では主題として立ちにくい。以下の２例もそれに該当し、中国語訳では主題化構文になっていない。

「お金さんはその人を知ってるんですか」
「顔は知ってるよ。口は利いた事がないけれども」

（夏目漱石『明暗』）

"阿金了解那个人吗？"
"见过面，不过，没有说过话。"
　　　　　（《明暗》于雷译，上海译文出版社，1987年）

「で、お金は？　前に貸したお金は返してもらわなかったの？」　（伊坂幸太郎『陽気なギャングの日常と襲撃』）

"那，钱呢？你没让他把之前借的钱还给你吗？"
（《阳光劫匪的平淡和奇袭》代珂译，南海出版公司，2014年）

このことは、中国語においては、先行する文脈で登場し、

既出のものとして「存在」している名詞を先行詞としてそれに照応させるパターンの方が、主題化が起こりやすいということを表している。要するに文中で先に「かたち」として表された名詞の方が主題になりやすいのである。

　さらにもう一点、別の現象を指摘すると、中国語は連続する一連の文や会話などにおいて、同じ段落やまとまった会話の内部で主語を連鎖的に統一しようとする傾向があり、そのために日本語の主題化構文と対応していない例も存在する。

<u>自分は手紙の筆を留めた。文鳥が又ちちと鳴いた。出てみたら粟（あわ）も水も大分減っている。手紙はそれぎりにして裂いて捨てた。</u>
(夏目漱石『文鳥』)

我停下写信的笔，文鸟又"唧唧唧"地叫了。我走出去一看，谷粒和水都大大减少了。我便不再写下去，把信撕掉扔了。
(《文鸟》《日本随笔选集》上海译文出版社，1986年)

「田中さんって僕のこと嫌いなのかな」
　成瀬が電話をすると田中は、「成瀬さんが来ないなら会わない」と主張したらしい。
「田中さんっていくつなの？」ふと気になった。
「おまえよりは上だろうが、二十代だろうな。三十すぎではない」[中略]

第5章　言語システムに侵食する思考と感覚　　241

「田中さんの両親は知ってるのかな？」
「 父親 はいない。母親だけだ」
　　　　　　　　（伊坂幸太郎『陽気なギャングが地球を回す』）

　"田中是不是很讨厌我啊。"
　　成濑打电话给田中的时候，田中说："成濑不来的话就不见面了。"他很坚决。
　"田中今年多大？"久远忽然想到这个问题。
　"年纪肯定比你大，但也就二十多岁吧，还没到三十。"
　"田中的父母知道吗？"
　"他没有 父亲 ，只有母亲。"
　　　　　　　　　　　（《阳光劫匪玩转地球》代珂译）

　漱石『文鳥』の例では、文の主語（主題）が、「自分（私）→文鳥→手紙」と推移していくが、中国語訳では文の主語をすべて"我"（私）に揃えている。次の伊坂の小説からの対話では、最後の台詞で「父親」が主題になっているが、中国語訳では主語を"田中（＝他）"（"他"は三人称代名詞「彼」）に統一しているのである。
　第１章で、中国語には万能の"yes"に該当する語が無く、種々の場面で実義的な応答表現を使い分けていることを紹介し、第３章ではそうした応答の仕方の特徴にも中国語の個別具体性への傾斜が見られると述べたが、諾否疑問"你喜欢打球吗？"（あなたは球技が好きですか）に"喜欢"（好きです）と鸚鵡返しで答えるという方式は、やはり先行

する文の形式を反復しようとすることの現れとも言える（回答文も本来なら"我喜欢打球"で質問と同型文であるが、主語と目的語は自明であるので省略されている）。

　このように、中国語では会話や文章において、先に発せられた文の形式を意識し、それを定型的に踏襲しようとする傾向が見て取れる。これもまた、中国人が有する「かたちあるものに着目し重視する」という思考の現れとして捉えられる現象のひとつであると考えられる。

4．存在表現の拡張と評価の関係

「かたち」あるものは無論、「実際に存在する事物」である。ここで中国語の存在表現と、それに関連する（それが拡張したかたちの）文法事項について考えてみよう。
　"有点儿 yǒudiǎnr"という副詞がある。「ちょっと／少し」という意味を表す。これは、動詞"有"（有る）のあとに"一点儿 yìdiǎnr"（少し）という数量表現がついているもので、以下に挙げる例のように、そのあとに物質的な名詞（液体や気体など）や、抽象的概念を表す名詞を目的語にとって、それらが少量存在することを表す。

　　有一点儿风　　　yǒu yìdiǎnr fēng　　ちょっと風がある
　　有一点儿声音　　yǒu yìdiǎnr shēngyīn　少し音がする
　　有一点儿道理　　yǒu yìdiǎnr dàoli　　いくらか道理がある

これらの例における存在物は名詞ではあるものの、全て「かたち」の無いものであるが、それがさらに拡張して属性を表すもの、すなわち形容詞になると、数詞の"一"が略され、"有点儿"全体が一語の副詞となる。

　　有点儿辣　　yǒudiǎnr là　　ちょっとピリ辛い
　　有点儿热　　yǒudiǎnr rè　　少し暑い
　　有点儿累　　yǒudiǎnr lèi　　やや疲れている

例文の日本語訳からだけでは分かりにくいかもしれないが、"有点儿"が形容詞を修飾すると、往々にして良くない状況や不満の意味を表す。"有点儿辣"というのは、「ちょっと辛過ぎる」という意味である。ただし、言語資料を見てみると、少数ではあるが、マイナスの意味を表さない実例も存在する。以下に２例挙げる。

他挺身一起，哎呀！浑身疼痛，四肢酸麻，伤口一剜一剜的疼痛，眼前一黑，差点儿没有栽倒。[中略] 这个十字路口，<u>有点儿熟悉</u>，什么时候打这儿走过呢？想起来了：前年秋天，我刚刚当了班长，就是在这儿我跟连长请了假，回家去看娘，往东这条弓形的大道，经过四个村，过了摆渡就到了我的老家——史家店。
彼は体を真っ直ぐ起こした、うわっ！全身が痛み、四肢はだるく痺れ、傷口は剜られるように痛む。目の前が暗くなり、転び

そうになった。［中略］この十字路は、ちょっと馴染みがあるが、いつここを通ったのだろう。思い出した。一昨年の秋、私は分隊長になったばかりで、まさにここで中隊長に休暇をもらい、家に帰って妻に会おうとし、このアーチ型に曲がった道を東に向かって4つの村を過ぎ、渡し船で川を渡って実家——史家店に着いたのだった。

（刘流《烈火金刚》）

卖票的高高在上坐着，又是个年轻的女性。"请问有软卧吗？"隔着玻璃，我担心她听不见。她的手上并没有活做，可是不知怎么，她的眼睛就是不和我的接触，看着自己的手，对我的问题，她懒得开口，只摇头。我有点儿高兴，至少她听见了。

切符売り場の係は納まり返って座っており、また若い女性であった。「すみません、一等寝台はありますか」ガラスを隔てて、私は彼女が聞こえないのではないかと心配した。彼女は、やっている仕事があるわけでもないのに、どうしたことか私と目を合わせようとせず、自分の手を見ている。私の質問に対して、彼女は口を開きたくないようで、ただ首を左右に振った。私は少し嬉しかった。少なくとも彼女は聞こえたのだ。

（龙应台《我不站着等》）

　副詞"有点儿"の用例の多くが好ましくない事態や不満を表すのは事実であるが、上のようにプラスの意味を表す場合も少数ながら存在することから考えて、"有点儿"という語自体に「良くない評価を表す」という意味特性を認

めるのは正確な分析とは言えない。この副詞がなぜマイナス義を表すことに偏っているのかは、その元となる存在表現の意味特徴と、人間の通念について考える必要がある。

木村英樹『中国語はじめの一歩』は、"桥头上有一个孩子"（橋のたもとに1人の子供がいる）や"桌子上有三只手表"（テーブルの上に腕時計が3個ある）のような、個として存在する人物や事物を表す文（「知覚的存在文」）について、次のように述べる。

> もうすこし詳しく言えば、知覚的存在文とは、それまでこの世に存在することを話し手（または聞き手）が知らなかった──言い換えれば、話し手（または聞き手）の知識のなかにその〈存在〉がいまだ登録されていない──「ある人物」や「あるモノ」について、その〈存在〉が認識されたということを意味する構文です。
>
> （第6章「中国語の文法」p.240）

ここで指摘されている、存在表現は話し手が未知の事物の存在を新規に認識したことの表明であるという原理は、存在対象が人物やモノである場合に限らず、それが有する属性（性質や特徴もしくは状態や感情）であっても同様であると考えられる。知覚的存在文が新規に知覚するのは、その時その場で認識した未知の存在事物（人物やモノ）であるが、対象が属性の場合は、その時その場で新規に知覚された何らかの属性である。さらに、その属性は、その時

その場でごく自然に発生すると想定されていたものではない。むしろ、予想を裏切るような、意外性をともなうものである。以下の二つの例でそのことを確認しよう。

宋金刚离了城隍庙往回走。三月清明，天气<u>有点儿</u>热啦，
宋金剛は鎮守の社を離れ帰途に着いた。三月の清明節だが、<u>少し暑かった</u>、　　（《中国传统相声大全》5巻、《宋金刚押宝》）

昨天，她在输给毛雷斯莫之后说："我<u>有点儿</u>累了，也许我该考虑为月底的法国公开赛休息一下了。"
昨日、彼女はモレスモに負けたあと言った。「私は<u>少し疲れました</u>。月末のフランスでのオープン戦に向けて少し休むことを検討すべきかもしれない」

（新华社 2001 年 5 月 14 日の新聞報道）

　春の三月に暑さを感じるのは予想外のことであり、また、敗戦直後の彼女（テニスのヒンギス選手）の台詞は、自身の疲労を表明しているが、それはその時のコンディションが通常の状態ではなかったことを物語っている。
　先に挙げた、プラスの意味を表す"有点儿"の 2 例においても、戦場で負傷して意識が朦朧としている中で、その場からの脱出を試みている時に、目の前の十字路に「馴染みがある」のは思いもかけない良い事態であるし、まったくやる気の無い偉そうな切符売り場の係員と相対しつつ「嬉しい」と感じるのは想定外のことである。

このように、"有点儿"に修飾される属性は、その時その場で知覚された意外な（想定外の）属性であり、話者はそのことを伝達に値する情報として表明する。事実問題として、それがマイナスの方向に大きく傾いている実態は、人間の通念の所産によるものだと考えられる。

人は「プラスであること」が常態だと思っている
「毎日毎日、暗いニュースばかりで嫌になるよね」というのは、安直なドラマの台詞のようであるが、事実、テレビや新聞などで報道されているニュースは凄惨な事件や犯罪、災害、国や人間同士の揉め事など、不正なことや困ること、怖いことが大部分を占めている。これは、我々の存在する世界が、基本的にはまともで平穏無事であると認識しているからこそ「ニュース」として取り上げる価値があると認められ、報じられるのである。

　たしかに犯罪や揉め事、災害などは毎日発生している。しかしそれに直接関わる人の数は、国民や地域全体から見れば概ね一部あるいは少数であり、多くの人は幸いにも平穏無事に日々の生活を送っているのが現実である。

　つまり、多くの平均的な人々は、「悪い」デキゴトを伝える種々のニュースの埒外（らちがい）で暮らしており、それが通常の状態であると認識している。であるからこそ、不正なことや不幸なことが特筆すべき情報として報道されるのである。重要なのは事実よりも平素の認識である。

　もし仮に、「昨日、東京都世田谷区の会社員、○○さん

の次男△△君が両親の銀婚式を盛大に祝いました」ということが、テレビの報道のトップニュースで取り上げられるようなことがあるならば、日本国民全体が親不孝であることをごく当然のことであると認めているような世の中なのであろう。落語の枕で、昔は字が書けない人が多かったという話に続けて、「おい、ちょっと聞いたか、松ちゃんは字が書けるそうやで」「えっ、あいつ字が書けるの……アホとちゃうか」という小咄(こばなし)があるが、無筆な人ばかりの状況にあっては、字が書ける人は奇妙な存在になるのかもしれない。事程左様に人は通常、無事であること、程度がちょうど良いこと、自分にとって自然である状況を無意識のうちにデフォルト値、つまり標準的な状態として認識しているのである。

　以上のことから考えて、"有点儿"が属性を修飾する場合、人々の通念に鑑みて、予測可能な範囲内に収まるような属性は、やはり新規に得た認識として発表するにはニュース性に乏しい。毎日心身ともに健康な人が、「今日はちょっと体調が良い」と言う必要は無いように、状況に鑑みて当たり前の属性ならば、意外性をともなって新規に知覚し認定するほどのことでもなく、また表明する情報価値も無いわけである。よって、通常の状態において、その時その場で新規な知覚として認識され、報告される属性は、往々にしてデフォルト値の認識から外れたもの、すなわち好ましくない、マイナスな方向に偏ることになる。"有点儿"を用いていながらプラスの属性として表明される場合

は、逆にその時その場が非常に良くない状況、窮地に陥った場面などであるが（なぜなら、そのように「度を越して悪い」場面で良いことが起こるというのも、極めて「意外な」ことだから）、人は日常、そう度々そのような「最悪の」場面に出くわすことは無く、それゆえプラス評価の用例の出現頻度も少ないのである。

主観的な言語表現に見られる有標性

　形而下的で、唯物的とも言える中国人の思考と感覚の反映として、中国語では主観的か客観的かという基準に基づき、言語表現の振る舞いに異なる様相が現れる。かたちを重視し、実義を重んじ、実践や具体性を志向する中国人の言語において、主観的な表現形式は一種特殊なものと見なされ、さまざまな面から有標性を発揮する。本章で取り上げたいくつかの文法事項は、いずれも主観的な言語表現に属するものであるが、それらに見られる形式的、意味的特徴を考察する上で、中国人の思考と感覚が背景として深く関わっていることが看取できるように思われる。

　形容詞の「重ね型」や程度副詞 "挺 tǐng" は話者自身が知覚し、自らの判断で認定した属性や程度を表明するものであり、いずれも「主観性」を形式や語彙でマークするものと言える。主題化構文では「かたちを重視する」という思考が大きく関与しており、それによって日本語とは異なる実態を呈している。副詞 "有点儿 yǒudiǎnr" もまた、話者自身が主観的に（新規に）認識した属性を表すものだ

が、その使用はマイナス義に偏るという意味的な偏向をともなうものであった。このように、中国語において主観的表現はさまざまな面で特化されている。

現在、筆者のところには、博士課程に在学している大学院生が数名いるが、その中で中国の紹興方言の研究をしている学生がいる。当人も紹興出身である。その研究によると、紹興方言には所在を表す「いる／ある」という動詞に３種類のバリエーション（"来帯／来咚／来亨"）があるが、それらの使用を区別する最も基本的な基準は、所在する人物や事物が話し手と聞き手にとって「見えるかどうか」という点に関与していると考えられるという。「かたち」を重視し、実際に存在する事物に着目する思考と感覚は、中国人に普く備わっているものであり、そのことは共通語（"普通话"）だけでなく、各地方の方言においても、さまざまな面で言語使用の実態と深く関連しているのではないかと思われる。

> 注：言語学で用いる「有標性（markedness）」という概念は、そもそも音韻論から生じたものであるが、それ以外の領域にも広く用いられる。対立する要素のうち特定の性質が認められるものを「有標（marked）」とし、それが認められず、より普遍的なものを「無標（unmarked）」とする。
>
> 形態論的には基本となる語彙に「標識（mark）」が付加されたもの、たとえば "cat" "possible" "man" に対する "cats" "impossible" "woman" が「有標（形態）」である。
>
> 意味論における有標性の概念は、対立するペアにおいて

「通常的、一般的、典型的」な意味を有するものが「無標」であり、「特別な、稀な、標準に合致しない」意味を表すものが「有標」である。たとえば英語の goose と gander のペアにおいて、goose はガチョウの雌鳥を表し、gander は雄鳥を表すが、特に性別を区別せずに一般にガチョウを表す時には goose が用いられる。ゆえに、一般的にガチョウを表す goose が「無標」の語であり、常に雄鳥しか表さない（限定的な意味しか表さない）gander が「有標」の語ということになる。同様に、中国語の三人称代名詞には、文字表記の上で"他 tā"（彼）と"她 tā"（彼女）の区別があるが、男女が混じっている複数形を表す場合は"他们 tāmen"（彼ら）を用いる。よってより一般的に三人称を表す"他 tā"が「無標」で、女性専用の"她 tā"が「有標」である。

　本章で取り上げた副詞"挺 tǐng"は単に程度の高さを表すだけではなく、その程度の高さが話者自身の主観的な認定によるものであるという点で、特殊な意味（限定的な意味）を含んでおり、その点において程度副詞の中でも「有標」の語彙であると言える。

あとがき——「ことば」は「思惟・感覚」を支配する

　本書の第2章で論文を引用した大河内康憲氏は、自選論文集『中国語の諸相』（白帝社、1997年）の「あとがき」で以下のように述べておられる。

> われわれの思惟が言葉の支配から逃れられない以上、その蓄積、定形化されたものも当然言葉からかけ離れたものではありません。中国語と日本語の違いのなかに、なるほどかれらはこんなことを考えているのか、こういう類型的な思考をするのか、と納得を得るのは楽しいことです。
> (p.280)

　これは、序章で引用した森有正氏の考えとも一致する。本書は、このような先達の考えに則り、「ことば」を手掛かりにして中国人の思惟や感覚について考えてみた。学生時代から今日に至るまで、日々の交際を通じて筆者自身の中に蓄積されてきた中国人観を基礎として、今回あらためてさまざまな調査や分析を試み、およその中国人にも備わっていると思われる思考や認識の一側面を論じてみた。現在の中国という国は、実態を確と捉えるには余りにも変化のはやい対象ではあるが、現時点において得られる言語使用の実態とその周辺における実相を筆者なりに蒸留し、エキスを抽出すべく試みたつもりである。

本書の冒頭で述べたように、「ことば」は人を造る一面を持つが、人々の思惟や感覚、感性や慣習は、無論言語の使用と密接な関係がある。そういった観点に立って、今後の研究で、中国語の新たな様相が発掘され、詳らかにされることを筆者としては大いに期待している。

　文法論に関わる研究論文を書く際には、通常、対象となる言語の呈する現象に見られる事実（すなわち linguistic fact）のみを根拠とし、それに基づいて理論的に仮説の成否を論じることが求められる。言語の構造をつぶさに観察していると、そこには自ずと文化的な背景に根ざした言語使用における母語話者の好みや志向、そして、その言語を使用する人々の思想といったものも見えてはくるが、文法規則を発見し、それを論証する過程において、文化や思想、感覚や志向などを主たるテーマに据えて正面から論じる機会は滅多に無い。

　本書では中国語の文法規則ではなく、中国語の実態を根拠として、中国人はどのように言語活動を行ない、どういった志向を持ち、どういう基準で世界を認識しているかということを論じることができた。これは筆者にとって得難い機会であった。この機会を通じて、筆者自身も数多くの知見を得ることができたように思う。

　このような機会を与えてくださった、集英社新書編集部の皆さん、特に本書の編集担当者である石戸谷奎氏に厚く御礼申し上げたい。
　　　2018年11月15日
　　　　　　　　　　　　　　　　　　　　　　　小野秀樹

小野秀樹(おの ひでき)

1964年兵庫県神戸市生まれ。東京大学大学院総合文化研究科教授。神戸大学大学院文学研究科修了。博士（学術）。専門は現代中国語の文法論。2008年と2014年にNHKラジオ「まいにち中国語」で講師を務める。著書に『統辞論における中国語名詞句の意味と機能』（白帝社）、『北京の風』（共著、白帝社）などがある。

中国人のこころ 「ことば」からみる思考と感覚

2018年12月19日 第1刷発行　　　　　　　　集英社新書0958B

著者………小野秀樹
発行者………茨木政彦
発行所………株式会社集英社
　　　東京都千代田区一ツ橋2-5-10　郵便番号101-8050
　　　電話　03-3230-6391（編集部）
　　　　　　03-3230-6080（読者係）
　　　　　　03-3230-6393（販売部）書店専用

装幀………原　研哉
印刷所………凸版印刷株式会社
製本所………加藤製本株式会社

定価はカバーに表示してあります。

Ⓒ Ono Hideki 2018　　　　　　　　ISBN 978-4-08-721058-3 C0236

造本には十分注意しておりますが、乱丁・落丁（本のページ順序の間違いや抜け落ち）の場合はお取り替え致します。購入された書店名を明記して小社読者係宛にお送り下さい。送料は小社負担でお取り替え致します。但し、古書店で購入したものについてはお取り替え出来ません。なお、本書の一部あるいは全部を無断で複写複製することは、法律で認められた場合を除き、著作権の侵害となります。また、業者など、読者本人以外による本書のデジタル化は、いかなる場合でも一切認められませんのでご注意下さい。

Printed in Japan

集英社新書　好評既刊

「働き方改革」の嘘 誰が得をして、誰が苦しむのか
久原穏 0948-A

「高プロ」への固執、雇用システムの流動化。耳当たりのよい「改革」の「実像」に迫る！

国権と民権 人物で読み解く 平成「自民党」30年史
佐高信／早野透 0949-A

自由民権運動以来の日本政治の本質とは？　民権派が零落し、国権派に牛耳られた平成「自民党」政治史。

源氏物語を反体制文学として読んでみる
三田誠広 0950-F

摂関政治を敢えて否定した源氏物語は「反体制文学」の大ベストセラーだ……。全く新しい「源氏物語」論。

司馬江漢「江戸のダ・ヴィンチ」の型破り人生
池内了 0951-D

遠近法を先駆的に取り入れた画家にして地動説を紹介した科学者、そして文筆家の破天荒な人生を描き出す。

堀田善衞を読む 世界を知り抜くための羅針盤
池澤夏樹／吉岡忍／鹿島茂／大髙保二郎／宮崎駿／高志の国文学館・編 0952-F

堀田を敬愛する創作者たちが、その作品の魅力や、今に通じる「羅針盤」としてのメッセージを読み解く。

母の教え 10年後の『悩む力』
姜尚中 0953-C

大切な記憶を見つめ、これまでになく素直な気持ちで来し方行く末を存分に綴った、姜尚中流の〝林住記〟。

限界の現代史 イスラームが破壊する欺瞞の世界秩序
内藤正典 0954-A

スンナ派イスラーム世界の動向と、ロシア、中国といった新「帝国」の勃興を見据え解説する現代史講義。

三島由紀夫 ふたつの謎
大澤真幸 0955-F

最高の知性はなぜ「愚か」な最期を選んだのか？　全作品を徹底的に読み解き、最大の謎に挑む。

写真で愉しむ 東京「水流」地形散歩
小林紀晴／監修・解説 今尾恵介 0956-D

旅する写真家と地図研究家が、異色のコラボで地形の原点に挑戦！　モノクロの「古地形」が哀愁を誘う。

除染と国家 21世紀最悪の公共事業
日野行介 0957-A

原発事故を一方的に幕引きする武器となった除染の真意を、政府内部文書と調査報道で気鋭の記者が暴く。

既刊情報の詳細は集英社新書のホームページへ
http://shinsho.shueisha.co.jp/